조용한 외침

조용한 외침

1판 1쇄 발행 | 2025년 9월 20일

지은이　김민정
발행인　이선우
펴낸곳　도서출판 선우미디어
　　　　등록 | 1997. 8. 7 제305-2014-000020
　　　　02643 서울시 동대문구 장한로12길 40, 101동 203호
　　　　☎ 2272-3351, 3352 팩스: 2272-5540
　　　　sunwoome@hanmail.net
　　　　Printed in Korea ⓒ 2025. 김민정

15,000원

※ 이 책은 충청북도 충북문화재단 예술창작활동 지원사업 지원금으로 제작되었습니다.
※ 잘못된 책은 바꿔 드립니다
※ 저자와 협의하여 인지를 생략합니다.
※ 저작권법에 따라 무단 전재와 복제를 금합니다.

ISBN 978-89-5658-802-5 03810

조용한 외침

고요를 뚫고 퍼져나가는 영혼의 떨림

김민정 수필집

서문

나이 예순다섯, 인생의 저녁 무렵이라 여겼던 이 시기에, 네 번째 수필집을 세상에 내놓게 되었습니다. 돌아보면 첫 수필집을 출간하던 날, 설렘보다는 두려움이 더 컸습니다. 내 이야기가 과연 누군가의 마음에 닿을 수 있을까, 살아온 삶을 글로 풀어낸다는 것이 어쩐지 부끄럽고 조심스러웠습니다. 그러나 그때의 한 걸음이 오늘의 나를 여기까지 이끌었습니다.

글쓰기는 언제나 나를 다시 들여다보게 했습니다. 고요한 새벽녘, 문득 떠오른 기억 하나에도 나는 연필을 들었고, 오래된 사진 속 미소 하나에도 문장을 적었습니다. 그렇게 체득된 내 안의 풍경을 천천히 꺼내어, 종이 위에 펼쳐왔습니다. 이 수필집 역시 지난 몇 해 동안 삶의 자락에서 주워 모은 단상들입니다. 때로는 사소하고 때로는 아릿했던 순간들이, 조용히 저를 거쳐 다시 글이 되었습니다.

내가 살아온 길을 진솔하게 남기고자 했습니다. 애정이 담뿍 담긴 한 사람의 이야기가 또 다른 누군가에게 조용한 위로와 치유되길 바라는 마음으로, 세상에 건넵니다.

이 글들을 읽는 이가 있다면, 그저 고맙습니다. 읽는 이의 하루가 이 글로 인해 잠시나마 따뜻해진다면, 그보다 더 큰 기쁨은 없을 것입니다.

끝으로 충북문화재단과 출간에 도움을 주신 도서출판 선우미디어 이선우 대표께 감사의 말씀을 전합니다.

2025년 여름
작은 책상에서 저자 김민정

차례

서문 · 12

1. 계절의 숨결
seed, 마음에 피어나는 봄 · 12
꽃에 찔리다 · 16
봄 마중 · 23
꿀 복숭아 한 상자 · 28
바람개비 · 33
무 시간 · 36
딸기 · 39
그해 겨울 이야기 · 44
백일홍 연가 · 48
종소리 여정 · 53

2. 풍경 너머 이야기
터널 · 58
루이봉 별곡 · 62
시간의 문턱에서 · 66
설경 · 69
눈부시게 물들던 날 · 73

센강을 무릎에 앉히다 · 78
6월의 단상 · 82
알프스 미봉(美峯)에서 · 86
옻빛을 담다 · 92
세계에서 개방된 가장 큰 감옥 · 96

3. 삶, 그리고 틈

진국 · 102
보이지 않는 것들 · 106
통영에서 만난 숨결 · 110
인생을 도둑질하는 자들 · 115
프로크루스테스의 침대 · 121
다림질 · 125
수필과 인간미 · 130
나는 작은 돛단배 · 134
다시, 한국의 봄을 기대하며 · 139
성적표 · 144

4. 존재의 그림자

홍운탁월(烘雲托月) · 150
이끼처럼, 조용히 머무는 삶 · 154
운칠기삼, 그 운명과 실력 사이에서 · 158
Last Concert · 165
흐르는 물 위에 멈춘 사연 · 169
나의 버킷리스트 · 175
맹지(盲地) · 178
적의(赤衣)와 적의(敵意)의 사이 · 182
날벼락 · 186
현애살수(懸崖撒手) · 191

5. 시간의 문을 열며

잠자는 그대에게 띄우는 편지 · 198
시간의 문을 열다 · 205
기억의 창고에 담은 로마 · 208
조각가의 길 · 213
조각칼 · 219
장가계 스케치 · 225
탈춤 · 232
고라니 밥상 · 237
조용한 외침 · 242

차례 9

1

계절의 숨결

seed, 마음에 피어나는 봄

 "봄 방이 추우면 만사위 달아난다." "봄바람에 죽은 노인" "봄바람에 여우가 눈물 흘린다."
 꽃샘추위에 얽힌 속담들만 보아도, 예나 지금이나 봄바람이 얼마나 추웠는지 짐작할 수 있다. 봄의 시샘도 지쳤는지 오늘은 소리도 없이 온종일 비가 내렸다. 봄비는 짙게 깔린 황사와 남은 겨울의 찬 기운을 씻어내며, 대지에 생기를 불어넣었다.
 3월, 봄은 약동의 씨앗이다.
 겨울잠에서 깨어난 봄은 다시 태어날 채비를 하고, 비를 머금은 땅은 이제 싹을 틔울 준비하느라 분주하다. 적당히 젖은 흙은 모종을 옮겨심기에도 알맞은 자리를 내어준다. 봄은 내 안으로도 스며들어 굳었던 몸을 풀어주고 잠들어 있는 영혼을 흔들어 깨운다.

 어릴 적, 대청마루 찬장 안에는 봉지마다 제각각의 향기와 맛을 지닌 씨앗들이 주렁주렁 매달려 있었다. 그 속엔 부모님의 땀방울과 지나간 계절이 고스란히 담겨 있다. 녹두에는 아이들 속을 달래던 약효가, 붉은 팥에는 액운을 막아내는 믿음이, 하얀 콩에는 고소한 생명의 맛이 깃들어 있었다.

선비잡이콩이라 불리던 그 작고 단단한 콩에는, 부모님이 자식들에게 걸던 조용한 소망이 숨어 있었다. 그밖에도 찰기장, 고추, 배추, 골파, 대파 씨앗도 빼곡히 걸려 있었다. 부모님은 그 씨앗들을 보물처럼 소중히 다루셨다. 씨앗은 단순히 곡식의 시작이 아니었다. 고향의 역사였고, 부모 세대의 이야기가 깃든 서사였다. 한 톨의 종자가 한 되가 되고, 한 말이 되고, 마침내 한 가마니가 되기까지,

그 생명이 깨어나는 순간, 농부의 기다림은 결실이라는 이름으로 돌아왔다. 내 기억 속 가장 깊은 맛은 가을 옥수수였다. 여름이 끝나갈 무렵이면 어머니는 콩밭 머리에 옥수수를 심으셨다. 바람이 불면 콩잎은 살랑살랑 흔들렸고, 그 곁에서 옥수수는 묵묵히 키를 키웠다.

초록 잎새 사이로 수줍게 고개를 내밀던 분홍빛 옥수수수염은 햇살을 받으며 보석처럼 반짝였다. 그 수염이 왜 그렇게 아름다웠을까. 아마도, 오랜 기다림이 깃들어 있어서였을 것이다. 나는 설렘을 품고 옥수수밭을 드나들었다. 맨살에 스치는 거친 잎사귀조차도 향긋하게 느껴졌다. 수염이 갈색으로 변할 즈음, 기다림은 더욱 간절해졌고, 추석 무렵이 되어서야 비로소 속이 꽉 찬 삶은 옥수수를 입에 넣을 수 있었다.

그 맛은 마치 밀크 캔디처럼 달콤하고 깊고 부드러웠다.

지금은 그 맛을 느끼고 싶어 많은 지역의 옥수수를 먹어 보지만, 그 맛을 찾을 수가 없었다. 아마도 그 토종 씨앗은 이미 세월 속으로 사라진 것 같다. 씨앗은 사는 것이 아니라, 이어받는 것이라 했다.

농부는 단순히 농사를 짓는 일이 아니라, 누군가의 시간을 이어 심는 일이다. 씨앗은 단지 식물을 키우는 출발점이 아니라, 기억과 손길과 계절이 켜켜이 쌓인 시간의 결정체다. 땅과 사람, 그리고 세월이 함께 엮어낸 유산이다.

사람의 마음도 씨앗과 닮았다. 마음속에 무엇을 심느냐에 따라 삶의 풍경도 달라진다. 살다 보면 기쁨도, 상처도, 질투와 분노 같은 감정도 마음속에 흘러든다. 그 모든 감정을 품고 살아가야 하지만, 그중 어떤 감정의 싹을 틔울지는 결국 스스로 선택해야 한다.

마음에 심는 씨앗은 보이지 않는다. 하지만 자라고, 뿌리를 내리고, 꽃을 피운다. 누군가에게 건넨 따뜻한 말 한마디, 양보의 손짓, 조용한 미소 하나가 씨앗이 되어 마음 한편에 자리 잡는다. 그 뿌리는 언젠가 행동이 되어, 또 다른 마음으로 전해진다. 반면, 미움이나 오해도 씨앗이 된다. 무심코 방치한 나쁜 감정은 어느새 마음 한 구석을 까맣게 물들인다. 그래서 마음을 자주 들여다보아야 한다. 잡초는 뽑고, 내가 진심으로 심고 싶은 감정만 남겨 두어야 한다.

사람의 말도 씨앗이다.

무심코 던진 말 한마디가 누군가의 마음에 깊숙이 박혀, 오래도록 뿌리를 내리기도 한다. 따뜻한 말은 희망을, 날 선 말은 상처를 키운다. 그래서 누군가에게 말을 건넬 때, 생각하게 된다. 이 말이 어떤 꽃이 되어 그 사람의 마음에 피어날지 아니면, 차가운 벽에 부딪혀 부서진 채 사라질까 하는 망설임에 저절로 말수가 적어질 때가 있다.

누군가를 판단하기 전 한 걸음 물러설 수 있는 마음, 지금 당장은 보이지 않아도 언젠가 열매 맺을 것을 믿고 기다릴 줄 아는 여유를 갖고자 노력한다.

눈에 보이지 않는 자리에서 조용히 자라는 씨앗도 있다. 용서의 씨앗, 기다림의 씨앗, 믿음의 씨앗이다. 그것들은 시간이 지나면, 눈빛이나 걸음걸이, 혹은 침묵 속에서도 자라난 흔적으로 남는다. 이것은 마치 오래된 나무의 나이테처럼 조용히 자란다.

내 마음 밭에 '이해'와 '믿음'의 씨앗을 심는다. 이 두 씨앗이 있다면, 마음에도 꽃이 피고, 누군가에게 그늘이 되어줄 수 있을 것 같다.

오늘도, 이 밭에 햇볕을 드리고, 촉촉이 물을 주며 들여다본다.

꽃에 찔리다

 계절은 한 바퀴 돌아 다시 그 자리에 섰다. 해마다 10월이면 계족산 자락 아래 코스모스가 군락을 이룬다. 언니의 부름을 받고 한달음에 달려갔다.
 청명한 하늘 아래, 땀내가 짙게 밴 수천 평 논밭에 코스모스가 파도치듯 출렁이고 있었다. 가을의 전령인 코스모스는 자연 위에 덧그린, 이 계절이 내놓은 아름다운 선물이었다.
 색색의 융단처럼 펼쳐진 꽃밭 사이에서 사람들 또한 풍경이 된다. 보드라운 꽃잎을 만져보고 생명의 향기를 맡으니, 마음의 허기가 달래진다.
 멀리 보이는 다랑논은 노란 계란지단을 펼쳐놓은 듯, 산 능선과 어우러져 완벽한 가을풍경을 그려냈다. 색색 옷을 입은 코스모스가 바람에 살랑일 때마다 내 마음도 함께 흔들린다. 그 모습은 마치 세상에 얽매이지 않고 자유롭게 춤추는 영혼 같아 바라보는 것만으로도 괜스레 마음이 편안해진다.

코스모스는 사람들의 마음을 취하게 하고, 고향의 그리움을 데려와 우울했던 마음을 환하게 바꿔 놓는다.

초등학교 시절, 일요일 새벽마다 조기 청소회에 참여해야 했다. 쏟아지는 아침잠을 참아가며, 학교 친구들과 어울려 마을 어귀에서부터 비포장 신작로까지 비질하고, 쓰레기를 줍고, 도로변에 꽃길을 가꾸었다. 만일, 참석하지 않으면 다음 날 학교에서 큰 체벌을 받아야 했기에, 어린 나는 나보다 더 큰 싸리비를 들고 나섰다. 가을이 오면 신작로를 따라 줄지어 코스모스를 심었다. 몇 주가 지나면 길가에 코스모스가 흐드러지게 피었지만, 나는 그저 노동의 대가일 뿐 아름다움을 느끼지 못했다. 하굣길에 코스모스를 꺾다 벌에 쏘여도 호들갑 떨지 않았다. 부어오른 손으로 소심한 복수를 하듯, 신발을 벗어 벌들을 잡아 침을 뽑아냈다. 죽어가는 벌을 살펴보며 하늘이 벌을 내리지나 않을까 불안했지만, 그 길에서 늦가을 꽃이 지고 까민 씨앗이 드러날 때까지 시간을 보냈다.

꽃잎 사이로 스치는 바람이 어린 날의 속삭임처럼 다가온다. 그때의 웃음소리는 시간 속에 사라졌지만, 코스모스는 여전히 나를 기다리고 있었다.

꽃은 연주자다. 색깔에 취하기도 하지만, 느껴지는 그 무엇이 더 아름답다. 곱고 산란한 모습은 소리 없는 음률로 다가오고, 잔바람에도 끊임없이 흔들리는 몸짓은 부드러운 음악처럼, 복합적인 내면의 조화로 강한 에너지를 발산한다. 수많은 오르간 파이프가 화음을 이루듯, 꽃의 소리는 마음을 흔든다. 오페라 '노르마'의 선율이 꽃잎 끝에 실려 오고, 시시각각 안단테로 스며들다가도 한순간 열정과 냉정을 오가는 마리아 칼라스의 강렬함으로 다가온다. 그 리듬에 잠시 나는 숨을 멈춘다. 노래가 들리는 것이 아니라, 내 감정의 깊은 층 위를 건드리며 파고든다. 리듬 하나하나가 공기처럼 피부에 와닿았고, 나는 어느새 눈을 감고 그 안으로 걸어 들어가고 있다.

 시각화된 음악은 그렇게 내 안에 부서진 균열 속으로 따스하게 스며들었다. 바쁜 일상과 흩어진 생각들 사이, 길을 잃은 감정들 위로 한 줄기 빛처럼 마리아 칼라스의 열정이 내려앉았다. 그 울림은 온 세상을 밝히듯 퍼져나가며, 마치 무너진 자리에서도 다시 피어나는 꽃처럼 내 마음 깊은 곳에 조용한 희망의 숨결을 불어 넣었다.

 꽃길 사이로 난 오솔길은 마치 악장 사이의 고요한 쉼표 같다. 2악장이 시작되자 생상스의 동물의 사육제가 경쾌하게 날갯짓하며 이어졌고, 그 절정이 잦아들 무렵, 슈베르트의 물 위에서 노래가 잔잔히 흐르기 시작했다. 그리고 마지막 앵콜곡처럼, 바흐의 'G선상의 아리아'가 몽환적으로 울려 퍼지며 환희로 가득 찼던 연주는 조용히, 아름답게 막을 내렸다.

 G선 하나만으로도 깊은 감동을 전하듯, 나는 코스모스 한 송에 온 마음을 빼앗겼다. 지휘자가 음악뿐 아니라 관객의 숨결까지 이끄는 것처럼, 이곳은 어느새 모두의 마음을 어루만지는 힐링의 공간이

되었다.

사람은 많았지만, 그 순간의 감상은 오래도록 내 안에 머무를, 나만의 고요한 호사로 남는다.

나의 예순네 번째 나의 꽃도 이곳에서 피어났다.

"화향백리, 인향만리."

꽃의 향기는 백 리를 가고, 사람의 향기는 만 리를 간다는 말처럼, 나에게 언니는 그런 존재였다. 지금 내 곁을 함께 걷는 언니의 부드러움은 언제나 나의 마음을 찔렀다.

간호학을 전공하고, 졸업식장에서 촛불을 들고 나이팅게일 선서를 하던 언니는 아름답고도 감동적인 모습이었다. 삼십여 년 전 이 마을에 정착해, 변함없는 모습으로 보건진료소를 지키고 있다.

종합병원 수간호사로 일하던 시절, 언니의 열정은 내게 묘한 자극이 되곤 했다. 언니가 곱고 섬세한 손가락으로 피아노 건반을 누비는 모습을 볼 때면, 그 모습이 부러워 나도 몇 곡의 교향곡을 익혀보기도 했다.

꽃꽂이, 서예, 다도까지도 무엇이든 정성을 다하는 언니의 모습은 늘 내 마음 깊은 곳에 잔잔한 울림을 주었고, 그 덕분에 나도 조금씩 닮아갈 수 있었다.

결혼 후 내 인생에서 가장 깊은 상처로 찔리던 그날에도 곁에 있어 준 사람은 언니였다. 남편의 진혼곡이 내 삶을 폭풍의 언덕으로 데려갔고, 모든 날이 장례식처럼 무겁고 텅 빈 시간으로 흘러가던 그때, 언니는 내 손을 꼭 잡고 이렇게 말했다.
"이 고통이 지나고 나면, 분명 다른 세상이 찾아올 거야. 내가 항상 네 곁에 있을게."
그 말 그대로, 언니는 내 어둠 속 시간을 밝히는 한 줄기 등불이 되어주었다.
언니는 내 인생의 '삭'이었다. 떠 있지만 보이지 않는 달처럼, 눈에 띄지는 않아도 늘 그 자리에 머물며 나를 조용히, 따뜻하게 비춰주었다. 그리고 그 빛은 지금, 이 순간에도 여전히, 내 삶의 방향을 밝혀주고 있다.

돌아보면 십수 년 남편과 함께한 삶은 주어진 환경에 순응하며 살아온 시간이었다. 남편이 떠난 후 나는 가장으로서 수없이 날카로운 고통을 견뎌내야 했다. 정원 속에서만 그림을 그리던 나는 이제, 세상이라는 거대한 캔버스 위에 내 삶을 직접 그려야만 했다.
절실함으로 그려낸 삶의 한 장면 한 장면이 서서히 내 인생의 새로운 페이지를 열어 주었고, 좁고 익숙했던 틀에서 한 걸음씩 벗어나게 해주었다.
그 그림의 배경에는 늘 언니의 따뜻한 사랑이 스며 있었고, 숱한 어둠이 밀려올 때마다, 언니는 언제나 내 곁에서 조용히 빛을 비추는 등불이 되어주었다.
하늘은 고통을 감당할 수 있는 사람에게 재능을 준다고 했다. 처음엔 그 말을 믿지 않았다. 왜 나는 반복해서 무너지는지 이해할 수 없었다. 그 고통은 단지 불공평한 운명의 장난처럼 느껴졌고, 나는 그 안에서 허우적대며 자신을 원망했다. 그러나 시간이 지나고 보니 그 어둠 속에서도 무언가는 자라고 있었다. 누구의 시선도 닿지 않는 곳에서, 비참함이라는 흙에 묻혀 있던 작은 씨앗 하나가 조용히 뿌리를 내리고 있었다. 울고 싶던 밤마다 적신 눈물은 그 씨앗에 물이 되었고, 포기하고 싶던 순간마다 다잡았던 의지는 그 뿌리를 단단하게 만들었다.

비참함이 재능의 깊이를 말해주는 건 아닐지도 모른다. 하지만 때로는 그 고통이 아니었다면 결코 발견하지 못했을 나 자신이 있다. 그 고통이 있었기에 나는 나를 더 깊이 들여다보았고, 그 고통 덕분에 나는 더 넓은 세상을 이해하게 되었다. 그리고 마침내, 그 작은 씨앗이 싹을 틔우고 꽃을 피우는 순간을 맞이했다. 그것은 누구에게 보여주기 위한 꽃이 아니었다. 오롯이 나를 위한, 나만이 알아볼 수 있는 진심의 꽃이었다. 고난 속에서 희망을 꺼내는 일은 찔림 없이 가능하지 않다는 것을, 이제는 알 것 같다. 가시밭에서 피는 백합이 가장 향기로운 것처럼, 눈에 보이지 않았던 찔림이 오늘과 어제를 반추하게 했고, 내일을 설계하게 했다.

줄다리기 같던 내 삶은 이제 마침표를 향해 간다.

육십 년을 '곡즉전(曲則全)'의 삶으로 살아왔다. 나무뿌리처럼 굽으면서도 생명을 지켜온 세월이었다.

이제는 내가 누군가에게 찔림을 주어 일으켜야 할 시간이다. 언니에게 받았던 뫼비우스의 띠를, 누군가를 위해 조심스레 다시 꺼내든다. 끊어진 적 없고, 시작도 끝도 없는 그 얇은 금속의 곡선 위에 담아두었던 마음을 누군가에게 건네려 한다.

노을빛으로 물든 하루, 떠나야 할 시간이다. 몸은 멀어지지만, 오늘이라는 선물 같은 여유 속에서 삶에 대한 애착이 또렷해졌다.

끝내 벗어나지 못하고 이끌리는 그 힘은, 사랑이다. 오늘, 또 한 장의 그림이 완성되었다. 떠나는 길에 이것저것 챙겨주는 언니의 따뜻한 손길이, 사랑의 여백을 가득 채운다.

봄 마중

경칩이 다가오면, 대동강물도 얼음을 풀고 지상의 생명이 하나둘씩 꿈틀거리기 시작한다. 아직 골목엔 겨울의 그림자가 머물러 있지만, 남도에서 들려오는 꽃 소식에 마음은 벌써 남으로 여행을 가고 있다. 올해도 봄이 오고 있다는 소식을 통도사 '매화'로부터 들려왔다.
"자기 영혼의 떨림을 따르지 않는 사람은 불행할 수밖에 없다."
그 문장이 나를 환기했고, 길을 나서기로 했다.
때로 삶을 바꾸는 건 멀리 있는 무언가가 아니라, 지금, 이 순간, 마음속에서 일렁이는 작은 떨림이다. 그 떨림을 따라나선 길 끝에, 비로소 자신을 다시 만나게 된다.
통도사의 오래된 전각들은 시간의 흐름 속에서도 조용히 제 자리를 지키고, 나무들은 사람들보다 먼저 봄을 받아들이고 있었다. 그 고요한 품 안에서 나는 세상과 한 발짝 멀어진 듯한 평온을 느꼈다.
대웅전 옆에 선 홍매화 한 그루, 말 한마디 없이 피어난 그 꽃은 아직 붉지도, 분홍도 아닌 색으로 내 시선을 붙잡았다. 그 모호한 빛깔이 오히려 더 진하게 스며들었다. 향기를 자랑하지도 않고, 화려하게 흔들리지도 않는 꽃 앞에서 사람들은 발걸음을 멈췄다. 잠시 후 출사 나온 사람들로 홍매화 앞은 붐비기 시작했다. 어떤 이는 바가지로 물을 뿌리며 여린 꽃잎에 물기를 머문 연출을 시도하기도 했다. 그들은 좋은 작품을 건지려는 욕심으로 홍매화의 명징함을 잊은 것만 같다. 오기 전까지만 해도 봄의 전령사인 홍매화의 개화 사건 앞에서 침묵의 공간을 사유의 여백을 채우고 싶었던 마음이 사라진다. 사람에 밀려 위무하던 차에 사찰 내 다른 곳에 피어 있는 홍매화를 보며 방기된 마음을 달랬다.

이곳 홍매화는 통도사를 세운 자장율사의 법명을 딴 '자장매'로 불린다. 임진왜란으로 소실된 전각이 중창될 무렵 싹을 틔워 지금에 이른, 370년을 살아온 나무이다. 유난히 길었던 지난겨울 탓에 스무날 정도 늦게 피어난 걸 보니, 이 봄도 어수선한 세상에 오기까지 망설였던 모양이다.

통도사를 거닐다가 문득, 기도하는 이들의 발길 앞에 내 마음도 잠시 얹는다. 실체가 보이지도, 떠나가지도, 머물지도 않는 석가를 향한 간절함은 기도하며 자신을 조탁하고, 스스로 구제받기를 원하고 있다. 천왕문을 나서며 나는 내가 조금 가벼워졌음을 느낀다. 봄은 이렇게, 눈앞이 아니라 마음 안에서 먼저 피어났다.

남도의 봄기운은 동해의 방어진까지 스며들고 있었다. 바닷바람

사이로 햇살이 사뿐히 어깨에 내려앉고, 눈을 감는 순간, 따스했던 옛 봄날들이 조용히 되살아났다. 해가 질 녘 골목길을 아이들과 웃으며 달리던 어린 날의 오후, 설레는 마음으로 첫사랑을 바라보던 청춘의 한때, 그리고 끝내 붙잡지 못한 이별을 눈물로 배웅했던 어느 봄날까지. 스쳐 지나간 그 모든 순간이 마치 바람결 따라 핀 꽃처럼 마음 한구석에서 조용히 피어났다.

슬도의 파도는 '슬도명파'라 불릴 만큼 은은한 거문고 소리를 내며, 도시보다 먼저 봄을 맞이하고 있었다. 이 남도의 봄은 세상의 어지러움 속에서도 희망이라는 일방통행로를 따라, 모든 이에게 같은 속도로 다가오고 있었다.

울산 해변의 봄은 꽃샘바람보다 조용했고, 들녘보다 넓었으며, 향기보다 더 상큼했다.

"당신의 봄날은 언제였나요?"

누가 묻는다면 내게 봄날은 단 한 번이 아니었다. 오히려 시간이 흐를수록 더 자주 더 깊게 찾아오는 계절처럼 봄은 찾아왔다.

신혼 시절은 작은 집에서 서로를 마주하고 하루를 보냈다. 집도, 직장도 있었지만, 중요한 건 그게 아니었다. 서로를 바라보는 그 마음, 하루하루를 쌓아가는 일상의 소중함이 더 특별했다. 시간이 멈추었으면 좋겠다고 생각지만, 시간은 흐르고, 그 봄도 지나갔다.

그 이후에도 봄은 계속 찾아왔다.

첫 아이가 태어난 봄, 그 웃음 속에서 다시 한번 봄이 오고, 아이가 조금씩 자라나는 모습을 보며 또 다른 봄이 왔다. 세월이 지나면서, 봄은 단순한 계절을 넘어 삶의 여러 순간 속에서 반복적으로 찾아왔다. 사랑도, 가족도, 모든 일이 그런 것 같다. 어떤 봄은 깊고, 어떤 봄은 짧고, 또 어떤 봄은 잔잔하게 피어난다. 봄날 언제나 새로운 시작을 의미하는 것처럼, 나에게 봄은 매번 다른 모습으로 지금 이 봄도 다르게 다가온다.

계절은 바뀌어도, 마음속 봄은 계속해서 찾아온다. 그 봄은 언제나 조금씩 자라나며 나를 변화시켰다. 살아온 지난날은 한결같이 나에게 새로운 봄을 선물해 주었다.

지금도 나는 다시 봄을 살고 있다. 봄날이란 단지 계절의 문제가 아니라, 마음이 피어나는 순간이라는 것을 안다. 다른 사람의 미소나 따뜻한 말 한마디, 혹은 내가 누군가의 봄이 되어주는 순간도 봄이다. 그 봄을 마중할 수 있다는 것만으로도 마음이 따뜻해진다. 봄은 결코 복잡하거나 거창하지 않다. 그것은 단순히 내 마음속에 스며드는 따스함, 다시 피어나는 생명력, 그리고 이 모든 것들을 소중히 여길 수 있는 시간이다.

바람에 실려 오는 꽃향기처럼, 봄은 내 안에서 언제나 스며들어 든다. 어쩌면 그 봄을 맞이하는 순간에 나는 조금 더 성장하게 하고, 삶을 다시 한번 느끼게 해주는 그런 계절임을 알게 된다. 그리고, 마음속에서 나는 생각했다.

"봄이 오면 다시 시작할 수 있다는 것, 그것만으로도 충분히 행복하다."
 계절의 봄은 자연에서 오지만, 인생의 진짜 봄은 스스로 만들어내는 내면에서 온다. 오늘, 어쩌면 내가 봄을 마중한 것이 아니라, 봄이 나를 마중 나와준 날이었다.

꿀 복숭아 한 상자

먹음직스러운 복숭아 하나를 찬물에 씻어 한입 베어 물었다. 달콤한 향과 부드러운 과육이 혀끝을 감싸자, 온몸에 전율이 일었다. 이토록 황홀한 맛이라면, 미자하가 먹다 남은 복숭아를 위령공에게 바쳤을 때도 이런 느낌이었을 것이다.

며칠 전, 아들이 복숭아 한 상자를 들고 집에 들어섰다. 조치원에서 과수원을 하는 친구 어머니께서, 올해 마지막 수확이라며 보내주신 것이다.

아들과 그 친구는 중학교 시절부터 지금까지 변함없는 우정을 이어오고 있다. 내가 복숭아를 좋아한다는 말을 기억한 친구가 어머니를 통해 정성스럽게 전해준 선물이었다. 그 따뜻한 마음에 가슴이 뭉클해졌다. 진정한 우정은 사소한 말까지도 기억하는 마음에서 비롯되는 것 같다.

상자 안에는 솜털이 보송보송하고 볼그레한 복숭아들이 가지런히 담겨 있었다. 하나같이 탐스럽고 먹음직스러워 보였다. 그 모습을 바라보다 문득 영화 「기생충」이 떠올랐다. 그 작품 속에서 복숭아는 전혀 뜻밖의 방식으로 등장한다. 기우는 가사도우미를 쫓아내기 위해 복숭아털 알레르기를 이용한다.

그렇게 하나둘씩 박 사장의 집에 '취업'한다. 계단을 오르는 대신에 엘리베이터를 타고 오르려는 기우 가족은 늘 위태로운 생활을 해야만 했다. 주인이 등장하면 바퀴벌레처럼 도망치는 그들의 삶은 그 달콤함 속에서도 아슬아슬한 균형을 유지하지만 어느 한순간에 와르르 무너지고 만다.

복숭아를 먹을 때마다 그 맛을 천천히 음미했다. 복숭아 한 알에 친구 부모님의 땀방울과 정성을 생각하면 이렇게 편안하게 받아먹는 것조차 송구스러웠다. 이 삼 일이 지나서 복숭아 하나를 집어 드니 손끝에 물컹한 감촉이 전해졌다. 복숭아가 상하기 시작한 것이다. 복숭아를 살펴보니 과즙이 흐르고, 곰팡이가 슬기 시작한 것이었다. 아끼며 남겨 두었던 것들이, 결국 상해버린 것이다.

이렇게 소리 없이 상해버린 복숭아를 보자 아끼다가 버리게 되는 것들을 떠올랐다. 살아가며 얼마나 많은 것을 '아껴야 한다'라는 이유로 미뤄두다가 결국, 잃어버리는 것이 한두 개가 아니다.

좋은 그릇을 아끼다 장식장에만 두고, 결국 유행이 지나 사용하지 못하고, 옷은 때가 아니라며 아껴두었다가 체형이 변해 못 입게 된 적도 많다.

꿀 복숭아 한 상자

그뿐만 아니라, 함께하고 싶은 사람에게 건네지 못한 말들, 표현하지 못한 마음도 다음에, 다음에 하다가, 어느샌가 기회를 놓치고 만 적이 얼마나 많았던가.

우리는 종종 '언젠가'를 기다리며 현재를 저당 잡힌다. 하지만 삶은 그렇게 오래 기다려주지 않는다. 가장 달콤한 것이 먼저 상하듯, 가장 소중한 것도 가장 먼저 사라질 수 있다. 지금, 이 순간, 누군가가 건넨 따뜻한 마음은 그때그때 나눠야 더 빛난다는 걸, 그리고 가장 좋은 것들은 아끼기보다 함께 할 때 비로소 의미 있다는 걸 되새기게 된다.

시댁은 시골치고는 넉넉한 편이었다. 꽤 넓은 땅과 임야, 그리고 도시에 작은 주택도 있었다. 시아버님은 사 형제에게 재산을 골고루 나눠 주며 성실하게 살면 모두가 어려움 없이 살아갈 수 있도록 해주셨다. 그 중심에는 큰아주버니가 있었다. 장남이자 집안의 기둥처럼 여겨졌던 그는 언제나 말솜씨가 좋았다. 부드럽고 설득력 있는 말로 사람들의 마음을 흔드는 재주가 있었다.

"이제 땅 팔고, 제대로 사업을 해야 할 때야. 내가 책임지고 너희들 몫까지 키울게."

어느 날, 큰아주버니가 공무원을 사직하고 사업을 시작하겠다는 선언은 달콤했다. 그의 말은 너무 달콤해서 의심조차 할 수 없었다. 아버지가 물려준 논, 주택, 임야, 예금까지…. "다 같이 잘살아 보자."라는 말 앞에서 누구 하나 "노!"라고 할 수 없었다. 그만큼 믿음이 컸고, 가족이었기 때문이다. 특히 '장남'이라는 이름 앞에서 모두 마음을 합했다.

처음엔 잘 되는 듯했다. 여기저기 출장 다니고, 사업 얘기가 집안 밥상머리까지 오를 정도로 분위기가 활기찼다. 큰 아주버니는 "이제 곧 다들 뿌듯해할 날이 올 거야."라며 연신 미래에 관해 이야기했다. 하지만 경험 없이 시작한 특허권 취득은 쉽지 않았고, 사업이 제대로 돌아가기 전에 투자금과 사업운영비는 모두 소진되었다. 날이 갈수록 상황은 나빠졌고, 결국 모든 재산이 3년 만에 경매로 넘어갔다. 투자금이 어디로 갔는지, 계약은 왜 이루어지지 않았는지, 누구도 알 수 없었다. 몇 번의 불투명한 해명 끝에 밝혀진 것은 하나였다. 다 잃었다는 사실이었다. 그가 벌인 사업은 허술했고, 남은 건 빚뿐이었다. 큰아주버니는 그제야 고개를 숙였지만, 그의 눈빛에는 미안함보다 '나도 잘해보려던 거야.'라는 공허한 말만 했다. 남은 형제들이 가지고 있던 재산은 대부분 사라졌고, 더는 그를 기둥이라 부를 수 없었다. 무너진 것은 재산만이 아니었다. 믿음과 관계, 그리고 가족이라는 이름 속에 담겨 있던 따뜻함까지 모두 깨져버렸다.

그 사건 이후, 집안은 각자의 길을 걷기 시작했다. 큰아주버니는 사업 실패 이후 아무도 찾아주지 않았다. 예전처럼 그가 가족들에게 '달콤한 말'을 건네곤 했지만, 더는 아무런 힘도 갖지 못했다. 결국, 큰아주버니의 남은 삶은 가난 속에서 외롭게 여생을 지내다 지난봄 쓸쓸하게 여생을 마쳐야만 했다.

그 후, 아무리 달콤한 말이라도 믿지 않게 되었다. 가족이란 단어가 때로는 너무 무겁고, 그 안에 담긴 기대가 너무 커서 오히려 부서지기 쉬운 존재라는 것을 알게 되었다. 우리 형제들은 모두 다시 시작해야만 했다. 하지만 그 시작은 과거를 떠올리며, 항상 뼈아픈 교훈을 남기게 되었다.

복숭아의 단맛은 하루아침에 품지 않는다. 햇볕과 바람, 적당한 물과 긴 기다림이 어우러져야 비로소 그 달콤한 맛을 완성할 수 있다. 인생도 마찬가지다. 우리가 얻고자 하는 것들은 단번에 이루어지지 않는다. 시간과 인내, 노력이 필요하다. 눈앞의 작은 이익에 현혹되지 않으려면, 내면의 중심을 지켜야 한다.

오늘도 복숭아 하나를 조심스럽게 집어 든다. 그리고 속삭인다. 진정한 달콤함은 그 모든 과정에서 얻어진 의미와 가치, 그리고 그것을 이루기 위한 시간이 고스란히 담겨 있을 때 비로소 진정한 단맛을 낸다는 것을,

바람개비

 6월 말인데 벌써 '무더위'가 찾아왔다. 아무리 발버둥 쳐도 벗어날 수 없는 밀실 같은 더위는 눈앞의 풍경조차 흐릿하게 보이게 한다. 무엇을 해도 성과를 내기 어렵고, 어딘가로 나아가고는 있지만, 목적지는 보이지 않는다. 이러나 날이 계속되면 눈을 떠도 하루가 시작된다는 기대감보다는, 또다시 같은 무더위의 무게를 짊어져야 한다는 체념이 먼저 찾아오게 마련이다.
 이런 날일수록 바람개비를 찾아야 한다. 나에게 바람개비는 몰입이다. 몰입하는 순간은 주변을 돌아볼 여유가 없다. 올해도 원고를 정리하여 출간 준비를 해야만 했다. 50여 편의 작품을 퇴고하여 교정까지 하려면 적잖은 두어 달 시간이 걸려야 한다. 마음먹고 PC 앞에 앉아서 일하다 보면 낮과 밤의 경계마저 희미해진다. 원고도 정리해야 하지만, 살림도, 운동도 Netflix도 봐야 한다. 이것들을 조각조각 시간을 이어붙여 조르나타를 경험하는 것이다. 조르나타는 내게 있어 더위를 피하는 일종의 바람개비와 같다. 무언가 몰입하다 보면 그 순간만큼은 황홀하다. 미켈란젤로가 시스티나 성당 천장화를 그릴 때도 프레스코 기법을 사용했기 때문에, 그의 작업에는 수많은 조르나타가 존재했다. 실제로 천장화를 자세히 보면, 각 조르나타의 경계선이 미세하게 보이기도 한다. 그는 공정, 속도, 기술 레벨의 작업 계획을 세워 하루 안에 벽 한 블록을 완성할 수 있었다. 이토록 불멸의 작품을 남길 수 있었던 거장도 하루의 조르나타를 치렀기에 작품을 남길 수 있었다.

지난여름, 시원한 바람을 찾아서 평창 바람의 언덕 앞에 선 적이 있다. 바람벽을 무대로 무지개색 바람개비가 일제히 팽글팽글 돌고 있었다. 바람개비는 바람이 불 때만 도는 줄 알았다. 그런데 내 안에서 바람개비가 일기 시작했다. 규칙적으로 회전하는 바람개비는 막혀있던 갈망과 억눌린 감정을 돌게 했다.

사람은 누구나 자신만의 바람개비를 지닌 채 살아간다. 어떤 이는 그것을 꺼내 보지도 못하고, 어떤 이는 너무 거세게 돌다가 금세 부서지기도 한다. 나 역시 그 경계 어딘가에서 위태롭게 서 있었다.

오십여 년 동안 유일신을 섬기며 살았다. 그러나 신은 내게 바람개비를 돌리지 않았던 것 같다. 우연히 니체를 만났다. 그런데 니체는 신바람을 보내어 바람개비를 돌려주었다. 그의 사상을 마주했다. 허무주의에 맞서며 현실을 끌어안고, 삶을 사랑했던 니체. 그의 말 중에서도 "신은 죽었다."라는 문장은 무엇보다도 큰바람을 일으켰다. 그 말은 단순히 신앙을 부정하는 것이 아니라, 기도만으로는 세상의 문제를 제대로 바라볼 수 없으니, 현실을 직시하고, 직관과 생기, 불굴의 의지로 더 높은 곳을 향해 나아가야 한다는 뜻으로 다가왔다.

니체는 인간이 기존의 세속적 가치를 넘어, 새로운 가치를 스스로 세워야 한다고 말했다. 기존의 가치들이 더 이상 절대적인 힘을 발휘하지 못한다면, 우리는 변화 없이는 앞으로 나아갈 수 없다는 것이다.

니체의 말은 나를 다른 세상과 맞서도록 했다. 그토록 무모했던 시간의 뒤편에는 내가 해야 할 일들이 여전히 기다리고 있다는 걸 알았다.

지금 내 앞에서 바람개비는 내 심장이고, 내 목소리다. 바람개비는 내 존재를 그대로 반영하는 듯하다. 살면서 지나갔던 바람은 끝없이 배회하고 갈망하는 것도 연습에 불과한 것일지도 모른다. 그 연습이 오히려 나를 지탱하는 것이 아니냐고 말한다. 바람개비는 알고 있었던 것일까? 몸을 돌리는 건 바람이지만, 내면을 돌리는 것은 자기 자신이라는 사실을.

자연의 흐름을 따르듯, 나는 이제 내가 가진 힘을 믿기로 했다. 그리고 바람개비처럼, 내가 이 세상에서 할 수 있는 일들을 찾아 나가기로 했다. 가고자 하는 길이 항상 나를 기다리고 있다는 것을 왜, 몰랐을까.

삶은 여전히 뜨겁고, 때때로 숨이 막히지만, 언젠가 또 바람은 불 것이고, 그 바람을 느낄 줄 아는 나는 답답해하지 않는다는 것이다.

무 시간

베트남의 햇살은 따가웠다. 무이네로 향하는 지프차의 뒷좌석에 몸을 실었다. 땀이 이마를 타고 흘러내렸지만, 속도에 밀려 불어오는 바람이 땀을 씻어냈다. 창문도, 에어컨도, 심지어 안전벨트조차 없는 지프차는 덜컹거릴 때마다 헛웃음이 났다. 낯선 나라에서 이국의 정취를 온몸으로 느끼도록 운전사는 기교를 부리며 앞차와 마치 경주라도 하듯 액셀을 밟았다. 함께 떠난 초등학교 여자 친구들은 얼굴이 파랗게 질려있다. 양손으로 철제 손잡이를 꽉 붙잡아도 온몸이 춤을 추듯 몸이 흔들렸다. 커브를 돌 때마다 차는 곡예 하듯 기울었다.

운전사는 이것도 능력이라고 믿는 것 같았다. 짜릿함보다는 사고 위험이 먼저 찾아올 것만 같은 불안감이 엄습해 왔다. 다양한 신을 섬기는 베트남은 신앙의 진심과 자기모순이 공존하는 것으로 보였다. 잘못된 행동임을 알면서도, 마음 한편에서는 누군가 자신을 지켜주길 바라는 샤머니즘은 나라마다 그 농도가 다른 것 같다.

아찔한 드라이브로 무이네에 도착했다.

무이네는 바다와 사막이 공존하는 곳이었다. 건조한 날씨와 해변의 모래가 만들어낸 광활한 사막은 현실감 없이 펼쳐졌다. 눈을 제대로 뜨기 어려울 만큼 사막의 바람은 거셌고, 고운 모래가 온몸에 달라붙었다. 이번에는 사륜 바이크에 몸을 실었다. 나를 태운 라이더는 가냘픈 허리의 스무 살 청년이었다. 청년은 내게 허리를 꼭 붙잡으라고 했다. 그의 얇은 허리를 감싸안자 깡마른 허리가 만져졌다.

청년은 모래 언덕을 오르내리며 바이크를 몰았다. 따가운 햇살 아래 모래바람을 가르며 속도를 올리자 남자 친구들은 괴성을 지르며 즐거워했다. 거센 바람에 매고 있던 내 스카프가 30미터 아래 구릉으로 날아갔다. 청년은 바이크를 세우고 절벽 아래로 내려가 주워 왔다. 감사하는 마음으로 3달러를 주니 청년은 엄지척했다. 뜨거운 모래가 처음엔 낯설었지만, 곧 익숙해졌고, 발바닥을 감싸는 따뜻함은 마치 고향의 품처럼 안도감을 주었다.

모래 썰매를 들고 언덕 위로 올랐다. 언덕 꼭대기에서 내려다본 모래 곡선의 풍경은 온몸을 부드럽게 감쌌다.

나는 눈을 감았다. 한국에서의 속도와 이곳에서의 속도는 차이가 크다. 여기서는 시간이 흐르지 않는다. '본래 시간은 없다.'라고 주장하는 물리학자들의 말에 공감이 갔다. 일하지 않아도 되는 시간, 여행을 오면 한가한데 몸은 바쁘다. 시간개념이 아예 사라진다. 시간은 개념이 아니고 감각이다.

시계가 아닌 심장이 흘러가는 속도로 지나간다. 여기에서 시간은 시간을 단순히 시계로 재는 외부적 개념이 아니라, 정해놓은 계획과 마음속 리듬을 조율하는 내면적인 기준에 의해 흘러간다. 그저, 보고, 먹고, 자고, 반복되는 시간은 성과를 논하지 않아서 좋다. 목적을 두지 않고 지내는 시간, 보고서를 쓰지 않아도 되는 시간, 식구를 챙기지 않아도 되는 자유, 그래서 자꾸만 여행하게 되는지 모른다. 이러한 시간을 무 시간이라 명명하고 싶다. 무 시간의 매력은 피곤은 있지만, 통증이 없고, 불편은 있지만, 지루함이 없다.

진실한 무언가를 반드시 창조하지 않아도 되는 허락받은 시간, 기꺼이 체험만이 존재하는 시간이라 말하고 싶다. 이것이야말로 지상의 파라다이스이다.

무 시간은 생활의 외적 조율을 위한 충전의 시간이다.

다시 숙소로 돌아오는 지프차는 갈 때와 같은 속도로 차선을 넘나들었다. 살면서 이렇게 광풍을 일으키며 내달리는 차를 또 만날 수 있을까, 이제는 바람이 불면, 그 방향을 타고 느낀다. 더 이상 두렵지 않았다. 삶에 다가오는 태풍도 두렵지 않다. 남은 인생도 정해진 길을 묵묵히 걸어가는 것만이 최선이라는 믿음은 변함없다. 그 믿음 안에서 바람과 맞서기보다, 때로는 잠시 비켜서는 지혜가 필요하다는 것을 알기 때문이다.

딸기

입춘이 지나자, 상점에는 어느새 하우스 딸기가 모습을 드러냈다. 달콤한 딸기를 먹고 싶다는 내 말에 아들은 망설임 없이 근교 딸기밭으로 핸들을 돌렸다. 비닐하우스 안에는 먹음직스러운 새빨간 딸기가 주렁주렁 매달려 있었다. 습한 공기 사이로 퍼지는 달콤한 딸기 향기에 정신이 아득해졌다. 겨우내 기다렸던 딸기를 보니 관측이 아니라 봄날의 선물을 받는 기분이었다. 농장 주인이 씻어 온 딸기를 한입 베어 물자 달콤 상큼한 맛에 피로기 싹 시라졌다.

  어릴 적, 오월이면 넓은 뒤란에 하얀 딸기꽃이 피어났다. 햇살을 머금은 작은 꽃잎들은 바람이 스치기만 해도 살랑거렸고, 그 사이로 푸른 잎들은 마치 꽃을 감싸 안은 보호막 같았다. 그 잎사귀 틈으로 조심스레 고개를 내밀던 연두색 열매들. 아직 여물지 않은 채로 숨어 있다가, 어느 날 문득 붉은빛으로 물들기 시작했다. 날이 갈수록 딸기는 붉고 짙어졌다. 마치 초경을 막 치른 수줍은 소녀처럼 잎새 뒤에 숨은 채 조심스레 얼굴을 내미는 모습이었다. 그

붉음은 왠지 모르게 아릿했고, 어딘가 모르게 아찔했다. 햇살 아래 반짝이는 딸기에 손을 대는 순간, 당장이라도 터져버릴 것 같은 감촉이 나를 더 안달 나게 했다.

나는 순간적으로 딸기를 따 입에 넣었다. 첫 딸기의 맛은 마치 비밀스러운 세계의 문을 처음 연 듯한 느낌이었다. 딸기는 여린 내 마음을 빼앗아 가기에 충분했다. 시간이 흐르고, 계절이 수없이 바뀌어도 초여름 햇살이 뜨거워지면, 뒤란에 핀 하얀 꽃, 잎새 뒤에 숨어 있던 수줍은 붉음, 그리고 아무도 모르게 혼자만 누렸던 그 작고 오롯한 기쁨이 되살아난다.

딸기를 보면 떠오르는 얼굴이 있다. 스무 살, 그 애와 함께 동학사로 여행을 떠났다. 초파일을 앞두고 고요하던 산사는 실바람에 딸랑이는 풍경 소리만이 정적을 깨웠다. 개나리와 산벚꽃은 아직은 잠들어 있었지만, 그 애가 옆에 있는 덕분인지 공기마저 신선했다. 은선 폭포로 향하는 길, 그 애가 수풀 사이에서 나를 불렀다. 사람 손 타지 않은 큼직하고 탐스러운 노지 딸기 몇 알이 눈에 들어왔다. 햇살을 머금은 붉은빛이 잎사귀 사이로 반짝였고, 그 순간 우리는 숨길 수 없는 기쁨에 환호했다. 딸기를 따다 보니 더 깊은 곳 어딘가에도 이런 선물이 숨겨져 있을 것만 같아 마치 보물찾기라도 하듯 발걸음을 옮겼다. 초여름의 바람은 부드럽고 따뜻했다. 딸기를 찾아 걷는 그 길 위엔 잠시 잊고 있던 순수한 설렘이 피어났다. 얼마 가지 않아 무성하게 뻗은 넝쿨 사이로 빨갛게 익은 딸기들이 수줍은 얼굴을 내밀고 있었다.

 손끝으로 조심스레 딸기를 따 모으며, 우리는 머윗잎을 바구니 삼아 딸기를 담았다. 너른 바위 위에 나란히 앉자 젖은 신발과 얇은 바짓단이 살결에 스며들 듯 감겨왔고, 솔바람을 타고 전해진 그 애의 셔츠 냄새가 코끝을 스쳤다. 그 향기는 딸기보다 먼저 가슴에 들어와 마음 한구석을 적셨다.

 햇살도, 바람도, 붉은 딸기도 우리 편이었다. 둘은 마치 유리온실에 갇힌 것처럼, 조용한 숲속에서 달콤한 딸기를 먹으며 아직 경험하지 못한 감정들과 마주했다. 그날의 우연으로 둘은 점점 더 많은 것을 공유하게 되었다.

 그러나 아름다움엔 그림자가 따르기 마련이다. 애틋한 시간을 보내기도 전에 그 애는 입영 통지를 받았다. 그리고 우리의 만남은 자연스럽게 끝이 났다. 그 시절의 달콤했던 순간들이 석가모니의 자비였는지, 하느님의 은혜였는지는 모르겠지만 그 애와의 봄날은 내 기억 속에 오롯이 박혀 있다.

 주렁주렁 매달린 딸기를 바라보면, 마치 행복한 임부가 품고 있는 태아를 보는 듯한 감정이 들곤 한다. 그 온전한 생명의 여정이 고스란히 떠오르며, 아프고 힘든 순간에도 태아를 지키기 위해 조심하고, 또 조심하며, 사랑으로 길러내는 그 마음이 가득하다. 딸기 역시 하얀 꽃이 떨어지고, 연두색 몽우리로 변해가는 과정을 지켜보며, 그 작은 열매가 자라나기 위해 얼마나 많은 정성과 인내가 필요한지 깨닫게 된다. 좁쌀 같은 까만 씨앗을 품은 딸기는 햇볕과 바람, 습기 속에서 자라나며, 그 모든 것을 받아들이고, 그 속에서 단맛을 품어 간다. 그저 손끝의 조심스러운 터치 하나로도 그 여린 몸이 상할 수 있기에, 더욱 세심한 돌봄이 필요하다.

첫 임신 때의 일이다. 입덧은 심했다. 온종일 속이 울렁거리고, 무엇을 먹어도 입맛이 돌지 않았다. 그중에서도 유난히 딸기가 먹고 싶었다. 입안에서 그 달콤하고 상큼한 맛이 떠오를 때마다 딸기를 상상했다. 그러나 그때는 겨울이었다. 그 시기에 딸기는 겨울에 찾아볼 수 없던 과일이었다. 대신 딸기잼이나 딸기향이 나는 음료로 입덧을 달래 보았지만, 그럴수록 입덧은 더 심해졌다.

그러던 중, 5월이 오고 친정집 뒤란에 딸기가 붉게 익기 시작하면서부터 자주 집을 찾아갔다. 배가 불러오던 내 몸을 알아채기라도 한 듯, 그해의 딸기는 유난히 풍성하게 열렸다. 딸기를 따서 집으로 가져오고, 그 딸기를 냉동해 두었다가 우유와 섞어 마시던 딸기주스는 내 입맛을 되찾게 해주었다. 그 후 몸이 으슬으슬하거나 기운이 빠질 때마다, 나는 그 딸기주스로 치유했다. 그때마다 딸기의 맛은 단순히 과일의 맛을 넘어서, 마음마저 회복시켜 주었다.

아들도 딸기를 유난히 좋아한다. 아마도 그 시절, 내 몸에 내재한 그 달콤한 기억이, 아들에게도 전해진 것일지도 모른다.

딸기의 변신은 그야말로 끝이 없다. 딸기 밀크셰이크, 딸기 케이크, 딸기 그라스티, 딸기 탕후루, 각각의 이름은 달라도, 그 안에 담긴 맛은 딸기 맛이다. 딸기의 그 달콤함이 온몸을 감쌀 때, 순간 그 단맛의 유혹에 빠져들기도 하지만, 딸기의 본연의 맛이 더욱 소중해진다. 인공적인 것이 덧입혀질 때, 원래의 그 맛이 점점 흐려지기 때문이다. 고향도, 사람도, 음식도 마찬가지다. 본래의 깊이를 잃어버리면, 아무리 화려한 변신을 하더라도 그 진가를 알기 어렵다. 결국, 우리는 모두 그 본연의 맛을 찾아가고 싶어 한다. 시간이 지나도 변하지 않는, 그 소박하고 순수한 맛을.

딸기를 먹을 때마다, 나는 어느새 그 시절의 봄날을 떠올린다. 그 때의 웃음소리와 함께, 함께 나누었던 그 작은 기쁨이 여전히 내 마음을 따뜻하게 감싼다. 시간은 흐르고, 모든 것이 변해갔지만, 그 달콤한 기억만큼은 언제나 그 자리에 남아 있다.

그해 겨울 이야기

 간밤에 바람 소리가 높다 했더니 여지없이 산속에 삿된 바람을 몰고 왔다. 선산으로 향하는 길, 계단으로 겹겹이 늘어선 선산은 선대의 묘지부터 후손의 가묘까지 옹기종기 모여있다. 햇살이 드문드문 내려앉자, 바람 끝에서 단맛이 나고 얼었던 산은 제법 말갛게 풀려 있었다.
 남편의 기일을 맞아 성묘를 마치고 내려오는 길이었다. 그 길목, 발걸음을 멈추게 한 건 밭고랑에 돋아난 손바닥만 한 보랏빛 냉이였다. 자세히 보니 한두 포기가 아니었다. 따뜻한 날씨 덕에 자란 냉이가 땅바닥을 수줍게 뒤덮고 있었다. 그냥, 지나칠 수 없어 텃밭용 호미를 꺼내 밭에 들어섰다. 얼었다 녹기를 반복하던 흙은 푸슬푸슬 감자처럼 부드러웠고, 양지바른 자리의 흙에서는 눅진한 흙 꽃 냄새가 배어 나왔다. 가벼운 호미질 몇 번에 뿌리째 뽑혀 올라온 냉이, 그 하얀 뿌리는 통통했고 향기마저 진했다. 어느새 작은 비닐봉지는 향긋한 냉이로 가득 찼고, 남편을 떠올리며 무거웠던 마음이 잠시 가벼워졌다.

1985년 봄, 스물다섯 나이에 스물여섯 남자를 만났다. 복학생이었던 그는 크지 않은 키에 까무잡잡한 얼굴로 양 볼 주위에는 기미가 끼어 있었다. 시골에서 자란 그는 틈이 날 때면 부모님의 농사일을 도와야만 했다. 큰누님이 계셨지만, 일찍이 시집을 갔으니 아들 넷은 각자도생하며 살아야만 했다. 사내로서 외모를 가꾼다는 것은 사내답지 못한 일이라고 했다. 고향을 떠나 서울로 유학 간 자신을 뒷바라지해 주시는 부모님을 생각하면 열심히 공부해서 성공하는 것뿐이라고 했다. 가만가만 이야기하는 모습에서 수더분한 매력이 모성 본능을 자극했다. 그는 옷차림에서도, 걸음에서도 토종 냉이 냄새가 났다. 그가 내뱉은 조심스런 말투와 반듯한 이마, 그의 이야기 속 깊은 효심은 어느새 나를 흔들었다.

처음으로 이 남자를 챙겨주고 싶다는 생각이 들었다. 그를 조금씩 바꿔나갔다. 옷차림도, 안경도, 말투도…. 그렇게 그는 내 남자가 되어갔고, 나의 미래가 되었다. 변하지 않는 신념으로 겨울 냉이처럼 언 땅을 뚫고 올라올 줄 아는 사람이었다.

졸업 후, 그는 건축사사무소에 입사했고 매일 자정 넘은 시간에 집에 들어왔다. 신혼 초부터 그는 자신을 혹사하며 가족을 지켰다. 누구도 그에게 그렇게 하라고 시킨 적 없었다. 아무도 '지켜라.'라고 말하지 않았고, 그가 짊어진 짐이 얼마나 무거운지도 몰랐다. 하지만 그는 스스로 선택했다. 경력을 쌓은 후 건축사 고시에 도전했다. 몇 년을 적토마처럼 전력 질주는 멈출 줄 몰랐다. 그 신념은 고향의 동구

나무처럼 변치 않았다. 하지만 백야의 성은 점점 남편을 성안에 가두기 시작했다. 그 무렵, 큰형님의 무너지는 사업을 떠맡았다. 고시와 직장, 가정과 책임. 그 짐을 모두 등에 짊어진 남편은 점점 지쳐갔다.

그의 얼굴에 기미는 여전히 지워지지 않았다. 과로는 몸속에서 시시때때로 위기 신호를 보내고 있었지만 외면했다. 갑자기 몸무게가 줄어들더니 몸에 이상한 기운이 나타나기 시작했다. 어느 날, 밤톨만 한 커다란 혹이 목 등에서부터 나기 시작했다. 그 혹은 점점 옆구리로, 겨드랑이로 번져나갔다. 말기 암이었다. 결국, 투병 6개월, 흰 눈이 쌓이던 날 그는 나와 아이들을 남겨 두고 떠났다.

비익조로 살아왔던 나의 삶이 날개를 접었다.

꽁꽁 얼어붙은 세상은 곁을 내어주지 않았다. 겨울 냉이처럼 언 땅 아래로 뿌리를 뻗어 내리려고 발버둥 쳤다. 남편을 보내고 찾아간 친정집 아버지는 강한 딸을 원했다. 처음으로 세상에 버려진 느낌이 들었다. 차라리 공명조가 되었던들 그토록 처절하지는 않았을 것이다.

훗날, 서릿발 같은 아버지의 냉정함 덕분에 서러운 현실도 견뎌낼 수 있었다. 강해져야만 하는 딸을 그렇게 보내놓고 아버지는 한동안 출타를 하지 않으셨다니 그 깊은 헤아림을 이제야 알 것 같다. 그렇지 않았던들 나는 떳떳한 엄마가 되지 못했을 것이다.

냉이는 된장만 있으면 국이 되고, 고추장만 있으면 무침 나물이 된다. 살아남기 위해서는 국도 되고 나물도 되어야만 했다. 그렇게 두 아이의 엄마로, 한 남자의 빈자리를 메우며 살아왔다. 그리고 이제, 다시 냉이꽃을 마주했다.

  작고 연약해 보이지만 어떤 한파도 뚫고 올라오는 생명력, 그 모습이 곧 내 삶이었다. 문헌에 따르면 냉이는 간을 깨우고 오장을 이롭게 한다고 한다. 이름 그대로 냉기(冷氣)를 이기는 풀, 나 또한 그처럼 살아왔다.

  천명(天命)의 뜻을 알 나이가 되고 보니 지나온 시간 속 흉하고 아팠던 순간들이, 결국 나를 더 단단하게 만들기 위한 과정이었음을, 인생은 단련을 통해 깊어지는 것임을 안다. 군자는 하늘이 부여 한 명(命)이 있음을 알기에 흉한 일이 닥쳐도 헤쳐나갈 수 있지만, 소인은 자신에게 명이 있음을 알지 못하고 눈앞에 작은 이익에 집착한다고 한다. 두 아이를 놓고 속절없이 남편을 데려간 하늘의 뜻은 남편의 못다 한 삶을 내게 이루려 함이런가. 주역에는 사람은 살면서 141회의 길(吉)과 57회의 흉(凶)과 32회의 회(悔)와 20회의 린(吝)을 만나며 살아간다고 한다. 이렇게 삶에 흉 운을 섞어 넣음으로써 흉 운에도 '꺾이지 않는 마음'을 유지하는 사람들이 이기도록 만들어 놓은 것이 세상의 구조라 했다. 세상의 모든 좋은 것들은 시련을 통해 단련을 거친다.

  하얀 고무신에나 어울릴 법한 이 작은 냉이꽃이었던 여인은 어느덧 초로에 이르러, 인생을 엮어가고 있다. 향기를 멀리 퍼뜨리는 냉이처럼, 나 역시 남은 생을 의미 있게 남기고 떠나고 싶다. 그것이 남편과 나, 그리고 아이들을 위한 삶의 완성일 것이다.

백일홍 연가

　평창강 둔치에 백일홍 천만 송이가 장관을 이루며 가을을 맞이하고 있었다. 빨강, 분홍, 주홍, 상아색까지, 마치 자연이 깔아 놓은 카펫 같다. 단풍보다 앞서 가을의 길목을 밝혀주는 백일홍은 천의 손, 천의 눈으로 나의 어깨를 다정하게 감싸 안았다. 꽃길을 따라 강둑을 걷노라면, 살아 있다는 것만으로도 감사해지는 기분이 든다.
　한여름의 뙤약볕 속에서 묵묵히 피어난 백일홍은, 계절의 끝자락에서 절정을 맞이한다. 그 절정의 아름다움은 어쩌면, 그 끝이 가까워졌기에 가능한 것인지도 모른다. 바람에 살짝 흔들리는 꽃잎은 마치, 안간힘을 다해 피어난 생의 마지막 정열처럼 느껴진다. 이렇게 아름다운 꽃을 보면, 문득 가슴 한 켠이 먹먹해진다. 저 색과 향기를 지키기 위해, 얼마나 많은 고통과 인내를 견뎠을까. 그 선명한 붉은 빛은 뜨거운 햇살과 비, 그리고 쏟아지는 바람 속에서 쌓여 온 핏빛 눈물의 흔적은 아니었을까. 백일홍은 그저 피어난 것처럼 보이지만, 그 속에는 끝내 다 말할 수 없는 고백이 담겨 있다. 자신을 다해 아름다움을 뽐내고, 그 아름다움이 결국 닫혀가는 문 앞에서 더욱 선명해지는 것. 그렇기에 더욱 애처롭고, 더욱 찬란하다.

이 꽃을 보며, 나는 다시금 생각한다. 아름다움 뒤에 숨겨진 고통을, 그 모든 과정이 어쩌면 진정한 아름다움의 깊이를 만들어낸다는 것을….

나도 한때는 저 꽃처럼 붉고 단단한 심장을 가진 시절이 있었다. 감성에 충실했고 사랑을 망설이지 않았으며 모든 것을 본능적으로 받아들이던 시절. 책에서 읽은 철학도, 현실의 무게도 아직은 멀었던, 그저 하루하루에 충실했던 날들. 웃고 울고, 사랑하고 실망하며 청춘의 고비를 통과하던 날들이었다.

아버님이 마련해 주신 아담한 신혼집은 5월이면 담장을 타고 붉은 장미가 피어났다. 아이를 낳고, 다시 둘째를 얻고, 조그마한 방 하나를 세놓으며 안방 주인처럼 살았다. 평범하면서도 평화롭고, 무엇보다 충만했던 나날들이었다. 인생 총량 법칙이 있다면, 나는 그 시절에 모든 행복을 미리 써버린 건 아니었을까.

그 이후로, 내 삶은 서서히 균형을 잃었다. 사랑하는 사람은 하늘로 떠났고, 텅 빈 가지 위로 까막까치집을 짓고 살아온 지 어느덧 스물다섯 해가 넘었다. 시간이 아무리 흘러도 빈자리란 채워지지 않는다. 시린 바람이 빈 가슴을 휘돌며 스며든다. 보금자리였던 곳은 어느 순간부터 가시처럼 뾰족해지고, 함께 나눈 웃음소리는 메아리 없이 사라졌다. 외로움 속에 반려견을 키워볼까 했지만, 내가 가진 쓸쓸함을 또 다른 존재와 나누고 싶지 않았다. 그러다 선물로 받은 화초 하나를 기르기 시작했다. 매일 조금씩 자라는 잎, 꽃망울, 이른 새순. 조용히 생명을 이어가는 그것들을 보며, 나도 조금씩 호흡을 되찾았다. 거실 한쪽엔 수족관을 놓고, 벽에는 괘종시계를 걸고, 라디오를 온종일 틀어 놓았다. 집 안에 살아 움직이는 것들이 늘어나자, 고요했던 공간에도 봄기운이 감돌기 시작했다.

꽃길을 따라 걷다 보니, 정훈희의 '꽃밭에서'가 마음속에서 울려 퍼진다. 그 고운 빛은 어디서 왔을까. 청춘의 정열을 적시고, 생의 환희를 머금은 그 노래는 마치 백일홍과 같다. 그 꽃이 피어나는 순간, 모든 것이 완전해 보인다. 하지만 그 완전함 속에는 또 다른 비움이 숨어 있다. 백일홍처럼, 그 노래도 한없이 순수하고 투명한 마음에서 비롯되었을 것이다. 그리고 그 가수는, 노래하지 않으면 견딜 수 없는 감정들을 안고 있었을 것이다. 그 감정은 삶이 주는 부조리와 고통을, 또 그것을 넘어서는 찬란한 순간들을 포함한다. 노래는 단순히 울림이 아니라, 고통과 기쁨을 하나로 포용하는 방식이다. 나 또한 종종 음악 속에서, 그 감정이 가질 수 있는 모든 의미와 가치를 찾으려 했다.

백일홍은 처음에는 그 자체로 한 송이의 아름다운 꽃으로 보일 수 있지만, 그 꽃은 결국 시간이 지나며 시들고 지는 과정이 있다. 그 시들어가는 순간에도 백일홍은 여전히 자신만의 고유한 존재감을 발산한다. 마찬가지로 우리의 감정도 처음에는 단순하고 순수해 보일 수 있지만, 시간이 흐르면서 더 복잡하고 다양한 감정을 경험하게 된다. 그리고 결국, 그 감정의 끝자락에서 우리는 처음에는 보지 못했던 진정한 의미를 찾아낸다. 이 꽃도 이제, 이렇게 세상을 불태우던 열정도, 눈부신 빛깔도, 지나고 나면 남는 건 씨앗 하나뿐이다.

내 삶도 한 폭의 백일홍이었다. 백일홍의 노란 꽃말처럼, 나는 늘 오지 못할 사람을 그리며 살아가고 있다. 혹여, 다시 만날 수만 있다면, 아무리 멀고 험한 길이라도 달려가 그 사람에게 닿고 싶다. 두 손을 맞잡고, 같은 하늘 아래, 나무처럼 함께 뿌리 내려 살고 싶다. 서로가 꽃이 되어, 세상을 물들이고, 풍경이 되고, 그림이 되는 그런 삶을 꿈꾸지만 이미 되돌릴 수 없는 길이었다.

그렇다고 그리움을 멈출 수 있을까. 아니, 그리움은 더 깊어져서, 나를 이끌고 또 이끌었다. 백일홍처럼, 한여름의 불꽃처럼 피어나고, 결국 시들어가며 내 안에 남은 것은 찬란했던 그 기억뿐이다.

이제 나도 서서히 시들어가는 배일홍이 씨방처럼, 나이가 들어가고 있다. 건강의 신호등은 가끔 깜빡이고, 체력은 점점 떨어지고, 마음도 조금씩 느려졌다. 하지만 그 느림 속에는 묵직한 평온이 있다. 번잡하지 않고, 흔들리지 않으며, 고요하게 스며드는 시간들. 지나온 세월에 미안해하지 않아도 되는 지금, 나는 이 순간이 참 좋다.

게으름을 허락받은 오후, 느릿하게 걷고, 가끔은 멈춰 서서 내 주위를 스치는 꽃과 바람을 바라본다. 그 안에 삶이 있다. 향기 없이

도 강렬한 빛깔로 벌과 나비를 끌어들이는 백일홍처럼, 나도 나만의 색으로 조용히 삶을 채워가고 있다. 백일홍은 가르쳐준다. 그리움과 아쉬움도 결국 또 다른 시작이 될 수 있음을, 그리고 말해준다.
"지금 이대로도, 참 괜찮은 삶이야."

종소리 여정

오르는 첫 발자국부터가 고행의 시작이었다. 초입부터 숨이 차오르며 곧 수도자의 마음가짐이 필요하다는 걸 깨달았다. 산 중 협곡 속에 자리한 구인사는 다른 사찰과는 분위기부터 달랐다. 계곡을 따라 전각들이 줄지어 있고, 가파른 언덕은 기도를 포기하게 할 만큼 만만치 않았다. 오르내리는 길목마다 무릎을 짚고 내려오는 어르신들을 심심찮게 마주쳤다.

입구에서 관성당을 지나 천왕문을 거쳐 영광당에 도착했다. 쉬엄쉬엄 올라왔건만 무릎이 시큰거리고 아팠다. 그러나 아름답다기보다는 위엄 있고 웅장한 전각들이 층층이 늘어서 있어, 쉽게 발걸음을 멈출 수 없었다. 가장 높은 대조사전까지 가려면 마치 산 하나를 타는 듯한 체력이 필요했다.

영광당을 지나 진신 사리탑 앞에서 감로수로 목을 축였다. 그러고는 잠시 사색에 잠긴다. 우리나라 불교는 원효대사의 '선종'과 의상대사의 '교종'에서 출발한다. 선종은 경전을 읽지 않고 명상과 수행을 통해 깨달음을 얻는 방식이며, 교종은 불경을 통해 진리를 찾는 길이다. 이후 대각국사 의천은 교종을 중심에 두고 선종을 아우르는 천태종을 세웠고, 보조국사 지눌은 선종을 중심으로 교종을 더한 조계종을 세웠다.

이곳 구인사는 대한불교 천태종의 총본산이다. 천태종은 '법화경'을 근본 경전으로 삼고, 7년 수행을 통해 수행자가 일상 속 고된 잡무를 이겨내야 비로소 스님이 될 수 있다고 한다. 천태종의 핵심 사상은 '일심(一心)'이다. 모든 존재는 본래부터 불성을 지니며, 서로 연결되어 있다는 사유다.

오후 6시, 종각에서 울려 퍼지는 범종 소리가 들렸다. '두웅 두웅' 울리는 저음의 진동은 공간을 가르며 예불의 시작을 알렸다. 중후한 울림에 가슴속 어딘가가 울컥했다. 험난한 세월의 강에 나만 남기고 떠난 그가 종소리가 되어 마음을 두드렸다. 한 번, 두 번, 울릴수록 깊은 파장이 온몸을 울리고, 기억 속 깊은 곳까지 스며들었다. 긴 세월을 홀로 건너온 이야기를 담아내듯 깊고 애잔한 여운을 남겼다. 깊은 울림은 감성으로 다가왔다가 곧 이성을 찾게 했다.

종소리도 색을 입는다. 범종 소리의 색은 금색이다. 고귀하고 신성한 느낌을 주며, 종소리의 무게감과 어우러져 공간을 압도한다. 또한, 청동색이기도 하다. 세월의 흔적을 닮은 지나온 시간의 무게를 지닌 그 빛은 오래된 기억을 되살리게 한다. 그러다가 하얀빛으로 다가오기도 한다. 이 빛은 고요하고 평화로운 분위기로 마음을 정화하고, 차분한 안정감을 준다. 마지막으로 잿빛은 슬픔과 그리움을 담고 있다. 복잡하고 애잔한 감정을 품지만, 결국 어둠을 넘어 빛으로 나아갈 희망을 품고 있다. 이렇듯 범종 소리는 다양한 색깔로 다가오다가 결국은 하나의 온전한 아름다움으로 귀결되어, 몸과 마음을 치유한다.

종은 부처의 가르침을 전하는 도구다. 그 소리를 듣는 것만으로도 위로받는다. 이제는 아픈 기억 대신 따뜻한 기억을 품고, 남겨진 시간을 더 여유롭게 살아갈 용기를 얻는다. 번지듯 들려오는 종소리를 가슴에 품고 기도를 시작했다. 가족의 도명을 막기 위한 기도, 병고에서 벗어나길 바라는 마음, 생계의 걱정 없이 무탈하게 살아가기를 바라는 기도를 올렸다. 이 엄숙한 산사에서는 솔바람마저 기도 소리로 들려왔다.

5층 전통 한옥 구조의 '설법보전'은 만 명이 기도할 수 있는 공간이다. 때마침 템플스테이 참가자들이 예불을 올리고 있었다. 그들은 사찰의 고요함 속에서 자신을 들여다보며, 앞으로 어떻게 살아가야 힐지를 깊이 고민하며 신의 인도를 구하고자 할 것이다. 끊임없이 밀려드는 일상의 번잡함에서 한 걸음 물러나, 고요한 침묵 속에서 명상과 기도로 자신을 마주하는 시간은 단순한 휴식이 아니라, 내면 깊숙한 곳을 응시하는 치열한 여정이었다. 세상의 기대와 자신의 욕망 사이에서 갈팡질팡하던 날들이 진정한 자신이 누구인지, 어떤 삶이 참된 것인지 스스로 묻고 또 묻고 있을 것이다.

기도는 신과 나누는 조용한 대화이자, 내면의 진실에 조금씩 다가가는 길이다. 스쳐 지나가는 감정과 생각들을 억지로 붙잡지 않고 조용히 바라보며, 그 너머에서 들려오는 작지만, 분명한 목소리에 마음을 기울인다.

사람은 누구나 기적을 믿으며 기도를 올린다. 기독교는 사랑과 은혜를, 불교는 마음의 평정과 깨달음을, 가톨릭은 신앙 속 평화를 추구한다. 방식과 교리가 달라도 모두 삶의 의미를 찾아가는 여정이다. 이 나이가 되도록 나는 여전히 미완성 삶을 살아가지만, 살아온 시간과 쌓인 경험으로 자신을 사랑하며, 내 삶을 누비고 싶다. 이곳에 몸을 두고 보니 결국, 삶의 의미는 내가 어디에 뿌리를 내리고 살아가느냐에 달려 있다. 내가 어떤 사람으로 살고 싶은지, 무엇을 소중히 여기며 살고 싶은지에 대한 질문이다. 어떤 이는 가족이라는 토양 위에 삶을 세우고, 어떤 이는 신념이나 종교, 또는 예술과 같은 가치 위에 뿌리를 내린다. 그리고 그 뿌리가 깊을수록, 삶은 단단하고 충만해진다. 삶의 의미는 멀리 있지 않다. 눈부신 성공이나 특별한 업적이 아니라, 내가 마음을 기댈 수 있는 '자리'를 갖고 있느냐가 중요하다. 내가 사랑하는 사람들, 지키고 싶은 가치, 나를 나답게 만드는 기억들. 그 모든 것이 내가 뿌리를 내리고 살아가는 삶의 터전이다. 그 터전이야말로, 삶을 의미 있게 만드는 유일한 토양일 것이다.

산사에서 보내는 하루는 사유와 사색으로 가득 채워졌다. 범종 소리는 사라졌지만, 사찰과 공간이 전하는 자비와 고요함은 밤이 깊을수록 더욱 진하게 스며든다.

2

풍경 너머 이야기

터널

추석이 성큼 다가왔건만, 열대야가 여전히 기승을 부린다. 들녘에 누렇게 익어가는 벼 이삭이 고개 숙이고, 밤나무 밑에는 알밤이 하나둘씩 툭툭 떨어져도 서(暑) 장군은 물러설 줄 모른다. 숨이 턱턱 막히는 여름의 터널을 어서 벗어나고 싶다.

유럽 여행 중 탑승한 유로스타 열차는 영국을 떠나 도버해협 아래의 해저 터널을 지나 프랑스 파리 북역을 향해 달렸다. 낯선 땅, 낯선 풍경 속에서 마주한 이국의 터널은 또 다른 세계로의 입구였다. 터널 속으로 진입하자 잠시 와이파이는 끊기고, 귀가 멍해지는 묘한 고요가 찾아왔지만, 흔들림 없는 주행과 깨끗한 객실의 분위기는 이방인의 마음을 편안하게 했다. 긴 터널이 만들어내는 고요한 침묵 속에서, 그 끝에 펼쳐질 전혀 다른 도시의 얼굴을 떠올리며, 의자에 몸을 기댔다.

긴 터널을 벗어나자, 차창 밖으로 파리의 고즈넉한 회색 지붕들이 한 폭의 그림처럼 펼쳐졌다. 에펠탑은 맑은 하늘 아래 고요히 모습을 드러내고, 거리마다 사람들이 분주히 걸어가고 있었다. 낯선 도시의 공기가 차 안으로 스며들자, 마음 한구석이 조용히 들떴다. 에펠탑 꼭대기에 올랐다.

다리 아래로 센강이 유장하게 흐르고, 유람선 '바또무슈'가 물결을 가르며 천천히 지나갔다. 그 평화로운 풍경 속, 문득 시야에 들어온 '알마 터널'이 보였다. 비극의 기억이 스며든 장소다. 다이애나 왕세자빈이 생을 마감한 그곳은 변함없는 모습으로 역사를 품으며 의연하게 서 있었다.

한 남자의 사랑을 끝내 가질 수 없었던 다이애나는, 화려한 스포트라이트 뒤에 숨겨진 군중 속 외로움을 안은 채 죽음의 터널 속에서 벗어나지 못했다. 에펠탑 꼭대기에서 내려다보는 파리의 하늘 어딘가에는, 여전히 그녀의 영혼이 머무는 듯하다.

이탈리아로 향하는 길에 만난 몽블랑 터널은 그 자체로 하나의 이야기였다.

프랑스와 이탈리아를 잇는 유럽의 대동맥, 세계에서 비싼 터널 중 하나이다. 웅장한 알프스의 품속을 가로지르는 이 터널은, 여행자의 마음에도 어떤 경계선을 넘어서는 듯한 경건한 떨림을 안겨주었다.

몽블랑 터널 입구에 들어서자 차창 밖의 풍경은 사라지고, 빛은 점차 줄어들며 깊은 고요 속으로 빨려들었다. 어둠은 낯설었지만, 결코, 두렵지 않았다. 오히려 이 어둠 속엔 시간의 무게와 인간의 흔적이 켜켜이 쌓여 있는 듯했다. 몽블랑 터널은 한때 끔찍한 화마 속에서 수많은 생명을 앗아갔던 아픈 기억을 간직하고 있었다.

'흰 산'이라는 뜻을 지닌 몽블랑. 눈 덮인 알프스의 정수에서 비롯된 그 이름은 순결함과 위엄은 자연 앞에서의 겸허함을 떠올리게 했다. 독일의 만년필 브랜드가 이 이름을 빌려 썼다는 사실조차, 왠지 이 길 위에 서 있는 지금과 닮아 있었다. 삶의 한 자락을 또렷이 새겨 넣고 싶다는 마음처럼 묵묵히 제 길을 내어주고 있었다.

터널이라는 공간은 단순한 통로가 아니다. 그것은 때로는 과거를, 때로는 미래를 잇는 삶의 이면이다.

돌이켜보면 우리는 모두 긴 인생의 터널을 지나간다.

바깥의 어둠보다 더 깊고 무거운 것은 내면의 어둠이다. 때때로 터널 속으로 몰고 가 우리를 시험하지만, 그 속에서 벗어날 수 있도록 손 내미는 것 또 한 다음의 터널 입구이다. 터널은 다음 목적지로 가는 가장 빠른 길이다. 만일 터널을 피했더라면 아직도 고개를 넘지 못하고 허우적거리고 있을 것이다.

나는 이제, 노년의 터널을 걷고 있다. 뜻밖에도 이 터널은 따뜻하다. 그동안 보지 못했던 풍경이 눈에 들어오고, 느끼지 못했던 감정이 피어난다. 지나온 터널에 뿌려놓은 씨앗이 자라나 열매를 맺는 노년의 터널은 그리 어둡지만은 않다.

세상에서 가장 긴 터널은 노르웨이의 레르달 터널이라지만, 누가 뭐래도 가장 긴 터널은 인생의 터널이다. 누구나 거쳐야 할 터널,

때론 앞이 보이지 않고 방향을 잃는 길이지만, 기억해야 할 것은 터널 끝에는 반드시 출구가 있다는 사실이다. 터널은 우리를 단련시키고, 강하게 만든다. 어둠 속에서 우리는 비로소 진정한 자신을 만난다. 빛은 외부에서 오는 것이 아니라, 내면에서 시작된다. 고난 속에서도 포기하지 않았기에 비로소 얻을 수 있는 선물이다. 인생의 터널은 때로 길고 고통스럽지만, 그 길을 걷는 동안 우리는 성장하고 성숙해진다. 결국, 터널은 단순한 공간이 아니다. 그것은 삶을 껴안는 여정이며, 그 속에서 우리는 진짜 자신을 만나게 된다.

그 모든 시간은 헛되지 않았음을. 어둠이 있었기에 오늘의 빛이 더욱 눈부시다.

루이봉 별곡

 양삭의 10월은 우리나라 초여름과 같았다. 해가 머리 위에 뜨겁게 내려앉고, 눅눅한 공기는 살갗에 달라붙었다. 숨조차 천천히 쉬어야 할 것 같은 더위 속에서, 사람들은 자연스럽게 느리게 살았다. 높은 강수량으로 숲은 우거지고, 일 년 내내 단풍이 들지 않는다. 며칠째 이어지는 습한 날씨에 몸은 지쳤지만, 도시를 병풍처럼 둘러싼 석회암 봉우리들은 신비로웠다. 산은 낙타의 등처럼 부드러운 굴곡을 이루고, 곳곳에 자연의 조각들이 도심 속 풍경을 그려냈다.
 현지 사람들은 더운 오후면 나무 그늘에서 마작이나 장기를 두며 시간을 보낸다. 가게 문은 절반쯤 닫히고 식당 주인들은 의자에 기대 눈을 붙인다. 시에스타 같은 이 낮잠 문화는 이곳의 일상이다. 선풍기 바람, 혹은 창문을 통한 자연의 숨결에 기대어 이들은 자연과 함께 살아가고 있었다.
 이번 여행 중 가장 기대하던 루이봉에 오르기 위해 케이블카에 올랐다. '뜻대로 되는 봉우리'라는 의미가 있는 루이봉(如意峰)은, 이름부터 설렘을 안겨주었다. 케이블카 아래로 펼쳐진 수천 미터 절벽과 기암괴석은 아찔했지만, 눈을 뗄 수 없었다. 케이블카에서 내려 한 시간가량 걸어야 정상에 닿을 수 있었고, 계단을 오르는 길은 절대 쉽지 않았다. 거친 숨을 고르며 한 걸음씩 올랐다. 몸은 점점 무거워졌지만, 정상을 향한 기대감으로 발끝에 힘을 모았다.

 드디어 정상. 말로 다 표현할 수 없는 경이로움이 앞에 펼쳐졌다. 오감으로 느껴지는 비경 앞에서 마음 온도가 높아지면서 목소리도 높아졌다. 운무에 싸인 태고 명산을 보고 있자니 자연이 주는 위대함과 경이로움이 가슴속 깊이 스며들었다. 2,012m 상공에 펼쳐진 베일에 싸인 3만 봉우리가 구름 속에 두둥실 떠 올라와 있었다. 현실인지 꿈인지 모를 풍경, 천상의 선녀들이 춤을 추며 날아다닐 것만 같은 신비한 세상이 눈앞에 있었다.

 자연은 말없이 나를 품었다. 내 안의 어둡고 무거운 감정들이 스르르 녹아내렸다. 눈을 감고 몸과 마음을 온전히 자연에 맡기고 나니 의식적으로 밀어냈던 어두운 감정이 모두 사라지고 감사함만이 남는다. 나의 지극히 작은 모습까지 산안개가 천수 천안으로 부드럽게 어루만져 주었다. 수평선 너머로 펼쳐지는 유토피아는 구름을 타고 몽환적 분위기 속을 날아다녔다. "수고했어. 잘 왔어." 산안개는 조용히 속삭이며 나를 어루만졌다. 말없이도 전해지는 위로였다. 이국의 정취에 취해 또 다른 나를 만나고 있을 즈음 가이드가 깃발을 흔들었다. 아쉽지만 하산해야만 했다.

정상 아래 작은 가게에서 소원지 하나를 샀다. 가족의 이름을 한 글자 한 글자 눌러써서 계단 난간에 단단히 매달았다. 이 신비로운 기운이 우리 가족을 지켜줄 것만 같았다.

하산길, 구간마다 구불구불한 유리 잔도를 걸으며 깨질 것 같은 공포감과 아찔한 스릴, 기암절벽으로 이뤄진 산, 카르스트 지형의 위용은 말 그대로 압도적이었다.

양삭은 중국 광시성의 대표적인 카르스트 지형으로, 석회암이 침식되며 형성된 독특한 봉우리들이 고대의 수묵화처럼 펼쳐진다. 이 석회암은 과거 바다의 조개껍질, 탄산칼슘 성분이 빗물에 녹아 수천만 년에 걸쳐 오늘의 모습을 만든 것이다. 지각변동으로 솟아오른 이 거대한 산맥은 태고의 바다에서 탄생한 신비 그 자체다.

루이봉은 아침과 밤, 각각 다른 얼굴을 보여준다. 해가 떠오르면 햇살은 천천히 봉우리 위를 타고 내려와 금빛, 분홍빛으로 대지를 감싼다. 밤이면 달빛이 봉우리를 비추고, 산은 고요히 자신의 그림자를 드리운다. 그 순간 모든 것이 멈춘 듯 평화롭다. 자연과 사람, 시간까지 하나로 이어지는 느낌이었다.

이곳은 단순한 관광지가 아니다. 수백 년 전, 이 산을 넘나들던 사람들은 공동체를 이루고 함께 삶을 꾸렸다. 신을 숭배하고, 자연을 경외하며, 제사를 지내며 은총을 구했다. 이곳의 바위들, 숲속의 나무들까지 서사가 되고 역사로 남아 있었다. 몇백 년 전 옛사람들의 발자취를 느끼고, 그들이 이 자연 속에서 어떻게 삶을 살아갔을

지 상상해 보는 것도 여행의 즐거움이다. 바위 하나, 나무 한 그루에도 삶의 흔적이 남아 있었다. 그들의 숨결이, 걸음이, 이 풍경 속에 녹아 있었다.

자연과 역사는 서로 얽혀 오늘의 경관을 만든다. 세상은 시간에 따라 흘러가지만, 그 안엔 수많은 연결과 이야기가 있다. 우리가 떠난 자리에 또 다른 이가 발자국을 남기고, 새로운 역사가 쓰일 것이다. 그렇게 이곳의 자연과 내가 만난 순간도, 한 조각 역사가 된다.

여행은 뜨거운 삶 속에서 잠시 쉬어 가는 바람 같다. 그리고 다시 앞으로 나아갈 힘을 준다. 루이봉은 나에게 또 하나의 언어로 다가왔다. 말 대신 풍경으로, 위로로, 온몸으로 느껴지는 말 없는 치유로 그 산은 나에게 말했다.

"내일은 오늘보다 더 나아질 거야."

시간의 문턱에서

 여행은 종종 현실로부터의 도피처럼 시작되지만, 뜻밖의 만남을 통해 오히려 더 깊은 삶의 본질을 마주하게 된다. 일주일째 길 위에서 시간을 보내던 날, 문득 집이 그리워지려는 찰나에 나는 로마의 심장부와 마주하게 되었다.
 고대의 거대한 무대, 바로 콜로세움이었다. 규모에 우선 압도당했고, 그 위용에 경외감이 밀려왔다. 이 거대한 원형경기장은 기원후 72년, 베스파시아누스 황제 때 착공되어 아들 티투스에 의해 완공된 로마 제국의 자부심이었다. 2천 년 세월이 지났건만, 여전히 '현재형'으로 압도했다.
 손끝으로 돌담을 쓰다듬는 순간, 그 거친 표면에서 묘한 온기가 전해졌다. 그 중심을 향해 한 걸음 내디뎠다. 과거와 현재가 맞닿았다.
 지금은 그저 침묵 속에 서 있는 돌덩이일 뿐이지만, 과거의 무수한 사건들이 이 벽에 고여 있는 듯했다. 이곳은 한때 영웅, 노예,

포로들이 생존을 위해 검을 들었던 싸움터다. 칼날이 부딪치고 승리와 죽음이 동시에 춤추던 곳, 이제는 그 모든 격정은 역사 속으로 사라지고 콜로세움은 묵묵히 그 자리에 서서 시간의 흐름을 견디고 있다.

로마는 정복한 도시마다 신전과 경기장을 세우며 제국의 위용을 드러냈다. 수로 기술이 발달하면서 경기장에까지 물을 끌어들이고, 심지어는 인공 해상 전투까지 벌였다 하니 그 기술력에 새삼 놀라지 않을 수 없었다.

콜로세움 완공을 기념하는 축제가 100일 동안 이어지며 5천 마리의 맹수가 도살되었다고 하니 로마 제국이 얼마나 풍요롭고 중앙집권적 권력을 가졌는지 알 수 있을 것 같다. 하지만, 플라비우스 왕조의 찬란함도 오래가지 못했다. 기독교의 부상과 르네상스 시대를 맞이하여 콜로세움의 석축 일부가 건축 자재로 뜯겨 나가기도 했으며 쇠락의 길로 들어섰다.

그 후 소와 양의 방목장으로 사용되었다가 1790년 교황 베네딕트 14세에 의해 순교지로서의 의미를 부여받고 복원의 길에 들어섰다고 한다. 지금은 중앙에 조용히 서 있는 십자가 하나만이 그 모든 비극과 구원의 서사를 대신 말하고 있었다.

콜로세움을 보며 떠오른 영화가 있다. 바로 고전 명작 「쿼바디스」다. 폭군 네로황제의 절대 권력의 화려함과 잔혹함을 그려낸 영화이다. 그러나 그 앞에서도 꺾이지 않았던 인간 정신의 승리 영화이기도 하다. 로마 시내를 불태우고 그걸 기독교인들에게 죄를 뒤집어씌웠던 네로황제가 몰락하는데 자신의 눈물방울을 담던 장면이 아직도 기억난다. 네로 역의 피터 유스티노프의 광기 어린 연기, 로버트 테일러, 데버러 커의 명연기가 여중생인 나를 영화광으로 만들었다. 그날 이후 「벤허」 「율리시스」 「클레오파트라」 등 종교영화의 세계에 빠져 수많은 영화를 감상하며 청소년기를 보냈다. 영화는 새로운 세상을 열어준 미래였다.

그때 여중생이었던 내가 이제, 육십을 훌쩍 넘기고 영화의 무대가 되었던 로마의 중심에 서 있다. 이 도시의 모든 돌과 건물, 벽과 길은 나의 청소년 시기의 기억을 복기시켰다. 내 영혼의 키를 자라게 했던 이 자리가 새삼 눈물겹다.

지금, 나는 어쩌면 깊은 역사와 내 인생의 어느 한 지점에서 교차하고 있다고 느낀다. 콜로세움이 로마 제국의 기억이라면, 지금의 나는 내 과거와 경험의 주조물이다. 과거의 내가 지금의 나를 만들었고, 지금의 나는 미래의 나를 향해 쌓아가고 있다.

지금의 시간도 유적으로 남아 스스로 찍히게 될 것이다.

설경

계절의 시계가 제자리를 찾아 겨울에서 멈췄다. 오늘도 짧은 해는 마음이 급한지 벌써 서녘을 향해 기울었다. 겨울은 정리, 차분, 고요, 겸손이라는 어감을 갖고 다가온다. 겨울 메타세쿼이아길은 또 다른 매력이 있다. 앙상한 가지들이 만들어내는 기하학적 아름다움은 화려함보다 더 깊은 울림을 준다.

눈은 하늘로 곧게 솟은 메타세쿼이아 나뭇가지 위로 겨울 눈은 백설기 가루가 뿌려놓는다. 차갑고도 따스하게 내리는 눈 덕분에 반사판을 댄 듯 주위가 환하다.

메타세쿼이아를 보면 초등학교 미술 시간에 고무 판화에 그렸던 나무가 떠오른다. 조각칼에 손끝을 베여가며 앙상한 나무를 그린 후에 조각칼로 파내어 검정 잉크를 바르고 눌러 찍어 내던 기억이 난다. 그때 그 나무가 바로 이 나무였을 것이다. 이 나무는 가장 단순하면서도 그리기 쉽고 빨리 완성할 수 있었다.

그 나무가 지금은 나에게 묵묵한 생의 태도처럼 다가온다. 제자리에 서서 사람을 불러 모은다. 한파에도 힘차게 뻗어 올라가는 모습은 마치 무적 해병 모습이다. 그 우직함 속에서 쓸쓸함이 느껴지지만, 그 우직함이 바로 사나이가 주는 매력이 아닌가. 잎을 다 내려놓은 모습으로도 충분히 아름답고, 한 자리에 우뚝 서 있는 것만으로도 마음이 놓인다.

밖의 풍경을 통유리 안으로 끌어들인 카페에서 친구와 마주 앉았다. 오랜만에 만난 친구는 밝던 모습은 사라지고, 웃음도 예전 같지 않았다. 잠시 후 친구가 조심스럽게 말을 꺼냈다. 결혼한 아들 부부 이야기였다. 아이 문제로 부부 사이에 심각한 갈등이 생겼다고 했다. 며느리는 아직 아기 갖고 싶은 생각이 없고, 아들은 며느리와 생각이 달랐다. 부부의 견해 차이로 냉랭해진 분위기를 어떻게 말해주어야 할지 친구는 답답해했다.

"우리 며느리가 생각보다 마음이 차가워."

친구는 한숨을 쉬며 말을 이었다.

"요즘 애들은 다 그런가 싶다가도, 가끔은 나만 이렇게 느끼는 건가 싶어. 결혼한 지 3년이 지났는데도 아이 얘기만 나오면 딱 잘라 말하더라고. 아직 생각 없대. 요즘은 커리어가 먼저래."

그녀는 찻잔을 내려놓으며.

"나는 손주 안아보고 싶은 마음이야 당연하지 않니? 근데 그 애 눈빛을 보면, 뭐랄까… 벽이 있어. 정이 없는 건 아닌데, 마음을 열지 않는 느낌이랄까."

잠시 침묵이 흘렀다.
"우리 아들은 말을 못 해. 걔 성격 알잖아, 착하고 무던한 애가 며느리 눈치만 보면서 그냥 시간이 지나길 바라는 것 같아. 하지만 나이도 있는데… 언제까지 기다려야 하나 싶어."
친구는 말끝을 흐리며 창밖을 바라봤다. 친구의 눈에는 기다림과 서운함, 그리고 어쩌지 못하는 속상함이 담겨 있었다.
친구의 말을 들으면서 나는 딱히 누구의 탓이라 말할 수 없는 처지였다.
"타자는 지옥이다. 우리가 타인의 시선에 갇히는 순간, 진정한 자유를 잃는다. 그것은 누군가가 나를 평가할 때, 나는 그 사람의 눈 속에서만 존재하게 되고, 그 틀에서 벗어나기 어려워질 때를 지옥에 갇힌 것과 같다."라는 사르트르의 말이 생각났다.
나는 늘 착하다는 말을 듣고 살았다. 그래서인지 착하다는 말이 이느 순간부터는 칭찬이 아니라 책임처럼 느껴졌다. 누구와 다투면 내가 먼저 사과해야 했고, 어른들이 뭔가를 부탁하면 거절하지 못했다. 내 속에서는 '싫다'는 말이 몇 번이나 올라왔다가, 결국 꿀꺽 삼켜졌다. 착한 사람은 참아야 하고, 이해해야 하고, 맞춰야 한다고 믿었기 때문이다.
'착하다'라는 말이 처음엔 따뜻했다. 하지만 시간이 지날수록, 그 말은 나를 가두는 틀처럼 느껴졌다. 내가 진짜 원하는 것이 무엇인지 모르는 나 자신을 발견하게 되었다.

착하다는 건 나쁜 말이 아니나 때로는 그 말이 나를 무기력하게 만들기도 했다. 내 감정과 욕구를 희생하면서까지 남을 위한 선택이 되어서는 안 된다는 걸 알면서도 남에게 체득된 인식에서 벗어나기란 쉽지 않았다.

살면서 타인의 시선을 완전히 무시할 수는 없다. 하지만 그 시선에 휘둘리지 않고, 내가 나로서 살아가려는 노력을 멈추지 않는 것이 어쩌면 그것이 지옥에서 벗어나 조금 더 나은 삶을 살아갈 수 있을 것이다.

창밖의 메타세쿼이아는 여전히 잠잠하다. 바람이 불어와도 제 자리를 지키는 그 나무처럼, 우리 인생에도 말없이 견뎌야 하는 계절이 있다. 차가운 계절 속에서도 희망을 잃지 않으려는 마음과 서운함과 체념을 넘어서서 서로를 이해하려는 노력이 삶의 무게를 버티게 한다.

친구의 이야기도, 내 안의 오래된 감정들도 오늘의 설경처럼 조용히 내려앉는다. 눈처럼 부드럽게, 그러나 절대 가볍지 않게, 관계란 때로는 잎을 모두 떨어뜨린 나무처럼, 모든 기대와 역할을 내려놓은 자리에서야 비로소 본모습을 드러내는지도 모른다.

계절의 시계는 다시 움직일 것이다. 겨울은 언젠가 끝나고 봄이 올 것이다.

눈부시게 물들던 날

 무심천이 온통 꽃 대궐이다.
 벚꽃 흐드러진 꽃길을 걷노라면 마법에 걸린 듯 모든 근심이 사라진다. 바람에 흔들리는 꽃잎은 내 안에 심장 소리와 리듬을 같이 한다. 향기가 은은하기에 다행이지 향기까지 진했다면 어쩔 뻔했을까, 보고 또 봐도 질리지 않고, 보고 또 봐도 빠져나가지 못하는 꽃이다.
 해마다 이맘때면 예술제로 무심천은 많은 사람으로 북적인다. 이미 예술제가 끝났는데 뒤늦은 축제를 다시 벌이는 벚꽃은 더 많은 사람을 불러 모으고 있다. 인산인해를 이룬 축제장은 손에 손을 잡고 서로가 꽃이 되어 열병을 앓고 있다.
 벚꽃, 이름만 떠올려도 설레고, 생각만 하여도 행복해지는 봄의 여신이다. 그립다는 말보다 더 깊은 말은 없을까, 벚꽃을 기다리는 시간은 온통 그리움이고 행복이었다. 내가, 이 꽃을 기다렸던 만큼 꽃도 나를 그리워했으리라.
 나와 벚꽃 사이에 연결된 언어가 있다면 그것은 진동이다. 이 진동은 계절의 기호체계를 하나의 샵으로 연결된다. 사계절 중 봄에서만 쓰이는 텍스트이다. 하늘, 바람, 체온의 외부 세계와 울림, 향기, 여운, 기적과 같은 내면이 만나는 접점에서 벚꽃은 작년이 다르고 올해가 다르다. 매년 반복되지만, 그 차이를 극명하게 보여주고 있다.

벚꽃길에서 만난 쇼팽의 '야상곡'에 귀가 환해진다. 꽃길 아래 통통 튀는 피아노 선율은 물오른 기쁨을 유혹하며 감동을 더 한다. 섬세하게 파고드는 녹턴 음악은 조용하고 명상적인 분위기로 밤의 신을 불러들이고 있다.

이어 흘러나오는 장범준 가수의 '벚꽃 엔딩'도 덩달아 피어나기 시작한다. 그대에게 벚꽃을 보러 가자고 똑똑 문을 두드리면 그대가 나올 것 같은 멜로디가 설렘과 기분 좋은 느낌을 준다. 아이러니하게도 '벚꽃 엔딩'은 이 황홀한 시간이 안 끝났으면 하는 경쾌하고 아련한 멜로디와는 달리 실제 만들어진 계기는 벚꽃축제에 온 커플들을 질투하며 벚꽃이 빨리 지기를 바라는 마음에서 만들어졌다고 한다. 그런데도 많은 사람은 이 축제가 끝나지 않았으면 하는 'and'의 뜻으로 해석하고 싶어 한다.

'벚꽃 엔딩'은 노래만 들어도 그날의 즐거운 순간들이 떠올라 미소 짓게 된다. 지난해의 4월이 그립듯이 또 내년이면 이 순간이 그리워질 것이다.

어쩌다가 푸른 잎 하나 섞지 않고 다른 색 하나 섞이지 않은 채로 신부의 웨딩드레스처럼 순결한 모습으로 내게로 와서 나만의 색깔을 물들이고 있는가, 일주일이 지나기도 전에 피어있는 시간만큼이나 빨리 사라지는 찰나의 만남은 활시위를 떠난 화살처럼 눈 깜짝할 새에 꽃은 흔적도 없이 사라질 것인데, 꽃이 진다는 것은 봄도 간다는 말이다.

벚꽃이 사라지는 속도에 말하지 않고 문장을 쓴 권도중 시인의 ≪벚꽃≫이다.

> 잿빛 날들 지나와
> 어느새 아득한 곳으로 만개하여
> 온 하늘 가득하다 못해
> 치마폭 내리듯
> 먼 하늘 아래로 지다
> 아직도 옥양목 빨래 같은 빛으로 살아
> 목피 속 가득 감추어 흘러와
> 희게 배어 나오는 가지마다
> 살 속에까지 번져 있는 벚꽃 물들임이여
> 너의 마음 이렇게
> 벚꽃으로 오는구나

김영월은 벚꽃을 두고 '요절한 시인의 짧은 생애'라고 했고, '나른하게 드러누운 저 고야의 마야부인 같다'라고 한 박이화도, 이 아름다움을 그냥 지나치지 않았다.

날이 어둑해지자, 사람들은 가로등 빛을 빌려 꽃구름 아래서 셔터를 눌러대며 젊음을 핑크빛으로 물들인다. 이 꽃이 오래 버텨줘야 연인들의 꽃 핀 얼굴도 길어질 것인데, 벚꽃을 두고 일각에서는 일제 잔재인 벚꽃축제 명칭을 봄꽃 축제로 바꿔야 한다는 주장이다. '일제가 우리 민족의 광복을 향한 염원을 차단하려는 문화 통치의 일환으로 벚꽃을 창경궁에 심어 강제로 구경하도록 했다는 가슴 아픈 역사가 지금까지 이어져 오고 있다.'라며 벚꽃을 뽑아내고 그곳에 무궁화나무를 심자고 하는 이도 있었다.

이런 어르신의 회초리에 혼쭐이 나도 벚꽃은 매년 움츠러지지 않는다. 뒤돌아선 마음이 이번에는 반갑게 맞아줄까, 발그레 얼굴을 붉히며 피어나는 꽃을 보고 있노라면 애증과 연민 속에서도 국경을 초월한 아름다움은 누구도 거부할 수 없게 된다.

천변을 뒤덮는 저 꽃구름 송이를 보면 옹졸했던 내 삶의 태도도 바꿔 놓는다. 이 순간만큼은 걱정도 근심도 오롯이 꽃으로 피어나 얼굴에 심폐 소생한다.

아쉽게도 이번 주말에 애꿎은 비 소식이 있다. 벚꽃이 만개하면 여지없이 봄비가 내린다. 꽃잎이 낙하하는 것만큼 아쉬운 일은 없다. 이 봄비가 오래 참아주길 바라지만 꽃이 지는 것을 안타까워하지 않으련다. 무언가를 비우면 새로운 것이 채워지게 마련이기에.

꽃잎을 떨구고 나면 싱그러운 초록 새순이 이 나무를 채울 것이다. 매 계절 비우고 채우는 일은 벚꽃만이 아니다. 피고 지는 건 사람도 다를 바 없다. 내게도 지난 힘든 전에 것은 비우고 새로운 희망을 담으라 재촉한다.

4월은 벚꽃 ending이 아닌 벚꽃 and로 도심에서 산속으로 퍼지는 벚꽃을 따라 이 나이에도 마음만은 연(鳶)이 되어 따라다닌다.

센강을 무릎에 앉히다

　프랑스를 처음 여행지로 마음에 품었을 때, 가보고 싶은 곳들이 떠올랐다. 퐁네프 다리, 미라보 다리, 쉘부르는 오래도록 마음속에 남아 있는 이름들이었다.
　영화 「퐁네프의 연인들」을 보았을 때, 나는 퐁네프 다리를 꿈꾸기 시작했고, 아폴리네르의 시 '미라보 다리'를 읽으며, 센강에서 나도 따라 흐르고 싶었다. 그리고 영화 '쉘부르의 우산'이 만들어낸 선율은 한 번도 본 적 없는 쉘부르라는 도시를 그리워하게 했다.

　유럽 여행 셋째 날, 마침내 파리의 센강 바토 무슈에 몸을 실었다. 5월 파리의 하늘은 맑고 센강은 넓고 깊었다. 관광객을 태운 여러 대의 바토 무슈가 유람을 즐기고 있었다. 처음 보는 사람들이 서로가 손을 흔들며 파리 방문을 환영했다. 내가 탄 바토 무슈에는 유럽의 여고생들로 꽉 차 있었다. 서서히 물살을 가르며 배가 움직이자 여고생들이 환호성을 질렀다.

안내 방송이 시작되었다. 한국어와 중국어로 안내하는 방송 덕택에 훨씬 편하고 즐거웠다. 배 위에서 바라본 파리는 또 다른 얼굴이었다. 강가에는 책을 읽는 사람, 잔디밭에서 피크닉을 즐기는 사람, 이젤을 세워 그림을 그리는 화가들로 모두가 이 강과 함께 살아가고 있었다. 언어는 달라도 표정과 사람들의 눈빛에서 따뜻함이 느껴졌다.

멀리 노트르담 대성당이 눈앞에 보이고 곧이어 루브르 박물관이 다가왔다. 에펠탑이 장대한 위용으로 나타났다. 몽마르트르 언덕도 보였다. 책으로만 보았던 도시를 직접 보니 현실감이 믿기지 않았다.

센강에는 사연을 간직한 30개의 다리가 놓여 있다고 한다. 미라보 다리, 알렉산더 3세 다리, 퐁데자르 다리, 퐁네프 다리 등 모두가 역사이고 예술이었다. 가까이에서 미라보 다리가 보였다. 미라보 다리를 보자 마음은 어느새 여고생 시절로 돌아갔다. 한밤중, 시골집 마당에 별들이 밤하늘을 가득 채우면 작은 트랜지스터라디오에서는 이종환의 '별이 빛나는 밤'에 시그널 음악이 흘러나왔다. 내레이션을 하는 이종환의 차분한 목소리는 언제 들어도 마음을 포근하게 감쌌다.

미라보 다리 밑으로 센강은 흐르고/ 우리 사랑도 흘러내린다/ 괴로움 지나고 올 기쁨을/ 나는 잊지 못하고 기다리고 있다.

아폴리네르의 이 시는 마리 로랑생과의 결별 후 그가 써 내려간 글이라고 했다. 실연이라는 깊은 뜻을 알지는 못했지만, 이 시를 가슴에 품으며 마리 로랑생 같은 사랑을 꿈꿨다. 철없던 시절, 아픔이 있어야 진짜 사랑인 것만 같았다.

센강의 다리만 걸어 다녀도 파리 2천 년의 역사를 모두 경험할 수 있다는 말이 있다. 그중에서도 퐁네프 다리는 단연 인상 깊었다. 파리에서 가장 오래된 파리의 중심을 연결하는 다리로 퐁데자르가 예술과 낭만의 다리라면, 퐁네프는 예술의 상징성을 담고 있다.

퐁네프 다리는 삼십여 년 전, 영화의 한 장면이 떠올렸다. 「퐁네프의 연인들」은 낡고 거칠며 상처로 얼룩진 도시 한복판, 파리의 이 다리 위에서 펼쳐지는 기적 같은 사랑 이야기다. 삶의 가장 어두운 구석에 내몰린 부랑자 알렉스와 시력을 잃어가며 절망의 끝자락에 선 미셸, 두 사람은 세상으로부터 버려진 채 퐁네프 다리 위에서 서로를 발견하고, 서로에게 빛이 되어간다. 불꽃놀이처럼 순간적이지만 눈부신 사랑을 하며 함께 춤추고 울고 웃으며 그들은 인간 존재의 가장 아름답고도 슬픈 감정을 보여준다.

이 영화를 보고 난 후 어른이 된 것 같은 착각에 빠져들었던 그때가 생각나 피식 웃음이 났다.

퐁데자르 다리 아래로 배가 지나갈 때는 연인들의 자물쇠가 떠올랐다. 이 다리에 연인들이 매달아 놓은 '사랑의 자물쇠'가 65톤에 달해서 결국, 그 무게를 견디지 못해 일부 난간이 붕괴했다고 한다.

그 수많은 사랑의 고백이 지금까지도 이 도시의 공기 속에 아직도 남아 있는 듯했다.

드디어 몽마르트르 언덕이 모습을 드러냈다. 피카소, 모딜리아니, 반 고흐가 이 도시를 거닐며 바라보던 센강을 나도 보고 있다. 수많은 사연과 이야기를 담고 있는 센강은 파리 사람들의 삶의 일부가 된 것이다.

어쩌면 우리는 모두 인생이라는 강을 흐르며, 그 위에 크고 작은 다리를 놓는 존재인지도 모른다. 어떤 다리는 오랜 세월 잊히지 않는 추억이 되고, 어떤 다리는 무심히 지나가며 이름조차 남기지 않는다. 하지만 그 모든 다리가 모여 지금의 나를 이룬다.

파리의 센강처럼, 나의 강물도 조용히 흐른다.

나는 오늘도, 또 하나의 다리를 놓기 위해 살아가고 있다.

어느 날 문득, 내가 놓은 그 다리 위를 누군가 조심스레 건너는 모습을 보게 된다면, 그때 나는 비로소 알게 될 것이다. 누군가의 하루를 건너게 했다는 것을, 나는 그 믿음을 안고, 사이먼과 가펑클의 "험한 세상 다리가 되어" 노래를 조용히 불러본다.

6월의 단상

소나기가 한바탕 쏟아진 오솔길을 걷는다. 빗물은 고랑 없이 비탈면을 따라 스스로 길을 만들며 흘러내린다. 빗물과 흙이 뒤섞인 오솔길은 걸음을 걸을 때마다 찰박거린다. 이 찰박거리는 발끝을 따라 어릴 적 기억이 따라온다.

장마가 지나가고 비가 잠시 그친 여름날이면 오빠를 따라 얕은 도랑을 찾아 나섰다. 비가 몰아치고 지나간 도랑은 물살은 세지 않았지만, 물속은 불투명했고 수풀은 더욱 우거져 있었다. 오빠는 어레미를 들고 도랑 가장자리, 수풀이 무성한 곳을 노렸다. 나는 그 뒤를 졸졸 따라다녔다. 오빠는 어레미를 물속 깊숙이 밀어 넣었다가 재빨리 들어 올렸다. 그러면 거짓말처럼 어레미 안에서 붕어며 미꾸라지, 가끔은 가물치까지 파닥거렸다. 물고기들은 놀란 듯 하얀 배를 뒤집어 보이며 요란하게 튀었다. 나는 그런 모습이 신기해서 한참을 들여다보곤 했다.

그 시절, 도랑물에 발을 담그고 허리를 숙인 채 한 마리라도 더

잡겠다고 몸을 기웃거리던 시간이 어렴풋이 그리워진다. 유년의 시간은 늘 숨어 있다가 비가 내리는 날에 불쑥 나타난다.

오랜만에 맡아보는 빗물 냄새가 마음을 촉촉이 적신다. 때 이른 더위에 지친 나무와 풀잎들과 잠시 숨을 고른다. 젖은 흙냄새가 마음 깊숙한 곳을 건드린다. 한동안 잊고 지냈던 향기다.
  십여 년째 걷고 있는 이 오솔길은 언제나 새롭다. 같은 길이지만, 하루도 같은 모습을 보여준 적이 없다. 오늘처럼 소나기가 스치고 간 뒤에는 길가의 돌 하나, 잎사귀 하나까지도 새로운 얼굴을 내민다. 오롯이 나 혼자 기억과 함께 걷는 길이다.
  비 온 뒤 산길을 걷는 건 늘 설레는 일이다. 나무에도 감정이 있는 걸까. 비를 맞은 나무들이 내뿜는 향기는 평소보다 훨씬 짙고 또렷하다. 이름대로 각기 다른 향기가 모여 산 전체가 마치 자연이 만든 향수로 채워진다. 인공적인 것 하나 없이 산은 오늘, 내게 정성껏 밥상을 차려 놓았다. 그저 흙과 나무와 빗물만으로 완성된 식탁, 소나무, 상수리나무, 단풍나무, 밤나무, 대나무, 이름을 다 알 수 없을 정도로 다양한 나무들로 저마다의 특별한 재료로 상을 차려 놓았다. 크기도, 색깔도, 모양도, 잎의 두께도 다른 별미이다. 산소 옆에 핀 능소화가 주홍빛 드레스를 곱게 차려입고 밥상머리를 장식한다. 고요한 밥상을 화려하게 장식하고, 병꽃나무는 부채춤을 추듯 꽃잎을 펼쳐 시선을 붙든다. 씹지 않아도 깊은숨을 들이쉬면 마음마저 가득 채우는 자연식, 향기만으로도 배가 부르다. 자연이 부려놓은 이 여름의 장면을 보노라면 혼자면 혼자라서 호젓하고, 함께하면 함께라서 즐거움이 더하다. 이곳을 올 적마다 매번 배가 불렀지만 오늘은 지나치게 과식하고 있다.

시원스레 퍼붓는 빗줄기 속에서 나무와 수풀은 오랜 기다림을 잊은 채 몸을 누인다. 그런 틈에 아카시나무는 틈새를 비집고 싹을 틔운다.

여름을 맞이한 숲은 어느새 지경을 조금씩 넓혔다. 나무는 말없이 단단히 뿌리를 넓히고 가지를 뻗는다. 숲은 여름을 느긋하게 받아들인다. 마치 제 몸 안의 시간을 품고 있는 듯, 조급해하지 않는다. 빗물을 머금은 새순들이 아기 새처럼 뾰족한 입술을 내밀고 물방울을 받아먹을 준비를 한다.

생명의 시작은 늘 조용하고 단단하다. 모처럼 물로 세례를 받은 산새들은 분주해졌다. 물을 머금은 공기 속에서 작은 날갯짓들이 더 활기차다. 손님상에 가무가 빠지면 싱겁다 싶은지 때맞춰 비둘기도 구구구 노래하는데 왠지 짝을 찾는 소리인 듯하다. 저들도 빗소리에 오래된 감정을 꺼내 보인다. 작약은 비님이 수줍은지 입을 다문 채 조용히 고개를 숙이고, 붓꽃은 얼굴을 활짝 내민다.

나무에도 감정이 있는 것 같다. 온도와 습도에 따라 내뿜는 향기도 제각각이고 바람의 세기에 따라, 비의 깊이에 따라 나무는 자신의 내면을 여러 가지 색채로 회화한다. 내가 모르는 언어로 의사표

시를 하는 나무를 보면 나뭇잎 하나도 자세히 봐줄 일이다.

빗물에 젖어 드는 공기 속에서 온몸의 근육이 천천히 살아난다. 근육이 살아나면 마음도 풍요로워진다. 그래서일까, 좋은 사람을 만나면 마음이 설레듯 나무를 만나면 나도 모르게 두 팔 벌려 안게 된다. 나무는 가만히 있지만 나는 자꾸만 애정을 구하게 된다. 이렇게 실컷 사랑을 나누고 내려가면, 그 여운은 오래도록 남아 곁에 있는 사람에게도 전염시킨다. 그렇게 전염된 설렘은 누군가를 꽃 피우고, 향기마저 내뿜게 한다.

나무와의 교감으로 상기된 얼굴로 언덕을 내려오는데 비가 그친 틈을 타 채마밭에 농부가 참깨 나무에 지지대를 세우고, 강낭콩과 부추를 심고 있다. 비의 틈을 노리는 농부의 손길이 빠르다. 가뭄에 심어놓은 작물들은 아직 무탈하지만, 올해 여름은 어떤 얼굴일까. 해마다 달라지는 이상기온으로 장마와 태풍이 걱정스러운 모습이다. 농부는 언제나 날씨가 속일지라도 또다시 믿는다. 시간을 온통 밭에 걸어놓는 농부는 오늘 같은 날에는 무량으로 쏟아지는 빗방울을 바라보며 한숨 놓았을 것이다. 도심에서도 저렇게 자연의 리듬에 맞춰 살아가는 사람들, 계절에 따라 바가지에 담기는 맛에 그 노고를 마다하지 않는다.

언제나 반복되는 산책길에서 들뢰즈의 '차이와 반복' 개념을 나무를 통해 읽는다.

알프스 미봉(美峯)에서

 스위스 알프스 하면 가장 먼저 머릿속에 떠오르는 곳은 단연 융프라우일 것이다. 묀히와 아이거라는 두 거대한 봉우리의 품에 안긴 융프라우는 해발 3,454m로 '유럽의 지붕'이라 불린다. 이곳에는 유럽에서 가장 높은 융프라우요흐 기차역이 자리하고 있어, 누구나 편안하고 안전하게 알프스의 심장부까지 닿을 수 있었다.
 융프라우로 향하는 산악 열차에 몸을 실었다. 차창 밖으로 펼쳐지는 초록빛 초원과 저 멀리 우뚝 선 알프스의 실루엣이 하나둘 눈에 들어오기 시작했다. 기차는 클라이네 샤이덱을 출발하자 곧장 가파른 경사로를 천천히, 마치 숨을 몰아쉬듯 철컥철컥 소리를 내며 힘겹게 오르기 시작했다. 바퀴 아래로 느껴지는 진동이 고스란히 몸에 전해졌고 덜컹거리는 소리에 점점 긴장감으로 마음이 조여왔다.
 산기슭을 타고 오르던 열차는 이윽고 어두운 터널 속으로 빨려들듯 들어섰다. 바깥 풍경은 순식간에 사라지고 창밖엔 암흑만이 흐르고 있었다. 그 어둠 속에서 갑자기 열차가 멈췄다. 잠시 정적이 흐르고 '지금, 우리는 아이거와 묀히. 두 전설적인 봉우리 사이를 지나고 있다.'는 안내 방송이 나왔다.

창밖을 바라보았다. 터널 벽 사이로 난 작은 전망창 너머 어슴푸레한 빛 속에 거대한 절벽이 모습을 드러냈다. 그것은 단순한 바위가 아니었다. 마치 살아 있는 존재처럼, 무언의 침묵으로 우리를 내려다보고 있었다. 아이거 북벽. 바람에 깎인 날카로운 능선과 얼어붙은 암벽은 숨소리조차 낼 수 없을 만큼 압도적인 풍경이었다. 마치 태곳적부터 이곳을 지켜온 괴물처럼, 위압감이 뼛속까지 전해졌다.

아이거(Eiger), 그 이름부터가 심상치 않다. 독일어로 '도깨비'를 뜻하는 이 산은, 단순히 산이라기보다는 하나의 존재처럼 느껴졌다. 아이거 북벽은 세계에서 가장 위험한 등반 코스 중 하나다. 눈과 바람, 끝없는 낭떠러지…. 그것들은 인간의 오만함을 비웃듯, 아무 예고 없이 죽음을 데려온다. 실제로 수많은 산악인이 이 벽에 도전했다가 끝내 돌아오지 못했다. 어떤 이는 절벽 중턱에서 흔적도 없이 사라졌고, 또 어떤 이는 산의 품에 안긴 채 영원히 잠들었다.

그 거대한 절벽 앞에서 인간이 얼마나 작고 나약한 존재인지 절로 느껴졌다. 하지만 아이러니하게도 바로 그 두려움이 인간을 이곳으로 끌어들이는 것인지도 모른다. 아이거는 도전의 상징이자, 동시에 겸허함을 배우게 하는 스승 같은 존재였다.

터널 속을 달리던 열차는 마침내 멈춰 섰다. 융프라우요흐역에 도착한 것이다. 열차 문이 열리는 순간, 숨이 멎을 듯한 차가운 공기가 얼굴을 스쳤다. 눈앞에 펼쳐진 풍경은 5월이지만 겨울의 한복판에 머물러 있었다. 파노라마처럼 펼쳐진 설산은 눈부실 정도로 새하얗고 고요했다.

역 내부는 완전히 다른 세계였다. 암벽을 뚫어 만든 공간은 어둡고 깊었지만, 그 속에 깃든 온기는 바깥의 혹한과는 전혀 다른 차원의 것이었다. 깔끔하게 정돈된 관광 안내소, 여행자들로 북적이는 기념품 가게, 가장 인상적인 건 얼음으로 조각된 궁전이었다. 무지갯빛을 머금은 유리처럼 반짝이는 얼음벽과 조각들은 몽환적이었다. 설산의 냉기와 얼음으로 이루어진 이곳은 환상적이었다.

엘리베이터 문이 열리자 전혀 다른 차원의 세계가 눈앞에 펼쳐졌다. 해발 3,573m의 스핑크스 전망대, 이름부터 신비로운 이곳은 지구 위에 떠 있는 또 하나의 행성 같았다. 좁고 어두운 엘리베이터를 빠져나온 순간, 거침없이 몰아치는 차가운 바람이 얼굴을 후려쳤다. 날씨는 맑았지만 바람은 날카로웠다. 공기는 희박했고, 숨을 들이쉴수록 폐 깊숙이 차가운 공기가 박혔다.

순간, 몸이 이상해지기 시작했다. 다리가 휘청이고 눈앞이 아득해졌다. 심장은 갑자기 속도를 높이며 거칠게 뛰었다. '이게 고산병이구나.' 머릿속이 멍해졌지만, 낯선 이 불편함 속엔 묘한 짜릿함이 뒤섞여 있었다. 정신을 가다듬기 위해 몇 차례 깊은숨을 들이쉬었다. 심호흡을 반복하고 나서야 몸이 천천히 진정되었다.

눈을 들어 주변을 바라보았다. 압도적인 침묵 속에서, 대자연이 우리를 내려다보고 있는 듯했다. 전망대 아래로 길게 뻗은 알레치 빙하가 새하얀 곡선의 파도가 끝도 없이 이어지고 있었다. 뚜렷한 능선 사이로 흐르는 순백의 얼음 강은, 자연이 수만 년에 걸쳐 깎아 만든 완벽한 조형물처럼 보였다. 산과 하늘, 구름과 눈이 하나의 풍경으로 어우러져 있었다.

전망대 한쪽, 붉은 스위스 국기 앞은 전 세계에서 온 관광객들로 붐볐다. 국기를 배경으로 포즈를 취하며 '인생 샷'을 남기는 사람들 사이에서 나도 그들 틈에 섰다. 이 낯설고 장엄한 순간을 사진 한 장에 담았다. 셔터 소리 뒤로 여운처럼 남은 것은 단 한 번의 장면이 아니라, 고도와 바람, 눈과 설산의 그 모든 것들이 겹겹이 쌓인 별나라였다.

정상에서의 여운을 안은 채, 곤돌라에 몸을 실었다. 서서히 하강을 시작한 곤돌라는 구름 위를 미끄러지듯 날았다. 유리창 너머 펼쳐진 풍경은 그야말로 현실이 아닌, 꿈속의 세계 같았다. 발아래 스위스의 대지는 신의 붓끝으로 그려낸 '무릉도원'에 있다.

깎아지른 설산의 품 아래 푸른 초원이 끝없이 펼쳐졌다. 초록의 물결 사이사이로 만발한 들꽃들이 알록달록 피어 있었고, 언덕 위에 옹기종기 자리 잡은 샬레들은 모두 제라늄 화분으로 장식되어 있었다. 창가마다 흐드러진 꽃들이 마치 동화 속 삽화처럼 풍경을 더욱 따뜻하게 물들였다.

초원 위를 거니는 느긋한 소떼들 또한 한 폭의 풍경화였다. 똑같은 나무로 지어진 작은 주택들과 축사, 창고가 주변 풍경과 조화롭게 어우러지며 목가적인 분위기를 한껏 자아냈다. 자연은 이곳에서 어떤 꾸밈도 필요 없었다.

협곡을 따라 흐르는 강물은 맑은 에메랄드빛을 띠고 있었고, 그 맑음은 눈으로 보기만 해도 마음속까지 정화되는 듯했다. 산을 따라 녹아내린 빙수는 실처럼 이어져 흐르다가, 낮은 곳에 닿으면 고요한 호수를 이뤘다. 물줄기는 마치 자연이 놓은 링거처럼, 대지를 적시고 생명을 불어넣는 듯했다.

스위스는 빙하가 만들어낸 선물들로 가득한 나라였다. 크고 작은 호수들, 그 깊고 맑은 물빛 속에 쌓인 시간의 흔적과 자연의 숨결이 고요하게 담겨 있었다. 곤돌라가 천천히 내려갈수록, 마치 꿈에서 현실로 돌아오는 듯한 아쉬움이 밀려왔다.

엽서나 여행 잡지에서만 보던 풍경들이 눈앞에 현실로 펼쳐졌을 때 나는 잠시 믿을 수 없었다. 꿈을 꾸는 걸까. 발밑을 디디고 있음에도, 발끝이 어딘가 붕 떠 있는 듯한 기분이었다. 설산과 초원, 빙하와 호수, 모든 풍경이 과장도 왜곡도 없이, 보이는 그대로 아름다웠다.

여행의 끝자락, 루체른 호수 너머로 붉은 해가 천천히 지고 있었다. 수면 위에 길게 늘어진 햇살은 마치 작별의 인사를 건네듯 부드럽게 흔들렸고, 나는 그 빛을 따라 조용히 이 땅에 마지막 인사를 건넸다. 이토록 아름다운 곳과 이별을 해야 한다는 사실이 아쉬웠지만, 그래서 더욱 선명하게 마음에 담아두고 싶었다.

스위스는 늘 내 여행 버킷리스트 맨 위에 적혀 있던 나라였다. 누군가 그곳을 묘사할 때면 늘 '엽서 같은 풍경'이라 했지만, 나는 이제 안다. 그 표현이 전혀 과장이 아니었음을. 자연은 완벽했고, 사람들은 질서 속에서도 여유를 잃지 않았다. 기차는 말 그대로 시계처럼 움직였고, 그 정확함마저 하나의 문화처럼 느껴졌다.

여행은 끝났지만 스위스에서 본 모든 것은 오래도록 내 안에 머물 것이다. 그 풍경, 그 공기, 그 고요한 순간들. 언젠가 다시 이곳을 찾게 된다면, 이번엔 조금 덜 놀라고, 조금 더 천천히 그 아름다움을 여유가 있게 받아줄 것 같다.

스위스는 그렇게, 내 마음속 가장 맑은 곳에 조용히 내려앉았다.

옻빛을 담다

 차창 밖으로 스치는 유록빛 풍경을 안고 통영에 도착하니, 짭조름한 바다 향이 코끝에 와 닿았다. 통영은 몇 차례 와 본 적이 있었지만, '아는 만큼 보인다.'라는 말처럼 과거에는 그저 동피랑 벽화길을 걷고, 강구안에 떠 있는 조선 시대 군선 조형물을 보고 지나친 것이 전부였다. 이번 기행은 전문 해설사가 동행하여 통영의 깊은 결을 제대로 느낄 수 있었다.
 30년 전만 해도 통영의 젊은이들은 수산업과 철공업, 옻칠공예 중 한길을 택하는 것이 자연스러웠다. 그중에서도 옻칠공예는 일제강점기 이전까진 군수품 생산의 중심이었고, 해방 이후 궁중 공예품과 일상용품을 만들었다. 지금도 조선 시대의 전통을 잇는 나전칠기 양성소가 항남동에 남아 있다고 한다.
 옻칠미술관 입구부터 '칠예의 문'이라 불리는 거대한 조형물이 마치 두 팔을 벌려 우리를 환영하는 듯 강렬한 인상을 주었다. 그 문을 지나 전시장에 들어섰다. 전시장에는 전통공예를 넘어서 현대

회화로 진화한 옻칠 예술의 성지였다.

자개 공정 과정을 해설사에게서 직접 들으며, 이 작업이 단순한 장식이 아니라는 걸 배웠다.

먼저, 나무판 위에 삼베를 덧대고 옻칠을 여러 차례 입힌다. 칠을 말리고 덧바르는 작업이 반복되면, 표면은 단단하고 매끄러워진다. 이 기초 작업만 해도 시간이 오래 걸린다. 그 위에 자개를 붙이는 단계가 시작된다. 조개껍데기를 얇게 잘라낸 자개 조각들을 마치 퍼즐처럼 하나씩 맞춘다. 색, 질감, 빛의 반사까지 고려해 배치하는데 단순히 예쁘게 붙이는 것이 아니라, 각 조각이 조화를 이루도록 형태를 만들어 간다. 이 과정을 반복해야 하나의 작품으로 완성된다. 수십, 수백 번의 손질 끝에 마침내 빛의 조각들이 제자리를 찾는다. 인내의 한계를 넘어서는 과정이라야 작품이 된다는 사실을 실감했다.

전시실에는 그러한 과정을 거친 작품들이 전시되어 있었다.

'수평선 너머에는' '초점' '웅비' '이슬' '산 너머 산' '균형과 조화' '우주 공간' 등 제목만으로도 마음속에 풍경이 그려지고, 이야기들이 피어났다. 작품 앞에 가까이 다가가는 순간, 그 상상이 단순했다는 것을 알게 됐다. 청색과 적색의 선명한 대비, 은은하게 반짝이는 자개의 결, 그리고 그 속에서 우아하게 날아오르는 새들. 어떤 작품에서는 자개 조각들이 마치 우주를 품은 듯 퍼져 있었고, 또 어떤 작품에서는 태양을 품은 산의 실루엣이 고요하게 자리 잡고 있었다. 하나하나의 작품에 담긴 빛과 결, 움직임은 기술이 아닌, 장인의 호흡과 손끝에서 완성된 결과물이었다. 여기 전시된 작품 중에는 최소 1년, 길게는 수년에 걸쳐 완성된 것도 있다고 했다.

그날 나는, 자개 작품을 감상한 것이 아니라 시간과 정성, 빛을 하나하나 만지고 온 것 같았다. 자개는 단순한 공예가 아니라, 바라볼수록 깊어지는 예술이었다.

옻칠 회화의 창시자인 김성수 관장은 나전은 김봉룡 선생에게, 데생은 이중섭 화가에게 배웠다고 한다. 그는 천연 옻칠과 자개를 결합해 예술의 새로운 길을 열었다. 올해 아흔을 맞은 관장은 여전히 귀얄 붓을 잡고 작업을 이어가고 있다. 반세기 이상의 세월을 옻칠 예술에 헌신한 그의 삶은 통영의 역사 속에 깊고 귀한 흔적을 남기고 있다.

문득 어린 시절의 기억 하나가 떠올랐다. 우리 집에 자개가 박힌 장롱과 찬장이 있었다. 반짝이는 자개의 광택은 어린 내 눈에도 유난히 고급스럽고 근사해 보였다. 그중에서도 찬장 안에는 어머니가 가장 아끼는 커피잔과 접시가 놓여 있었다. 평소엔 절대 손도 못 대게 하던 그것들을, 귀한 손님이 오셨을 때만 정성스럽게 꺼내어 사용하셨다.

자개 가구는 우리 집에서 가장 빛나는 존재였다. 그런데 세월이 지나면서 서서히 광택을 잃어가자, 어머니는 그게 마음에 걸리셨나 보다. 어느 날 우리 집에 옻칠 장인이 찾아왔고, 어머니는 그에게 가구를 맡겼다. 집 안 가득 퍼졌던 옻칠 냄새가 아직도 기억난다.

칠 냄새로 가득했지만 어쩐지 정갈한 냄새였다. 밭일로 늘 손이 거칠고 얼굴이 햇살에 그슬린 어머니가, 자개 가구 옆에 서면 이상하게도 더 빛나 보였다.

돌이켜보면 자개는 우리 집의 품격이기도 했지만, 어머니의 마음을 담은 기억이기도 했다. 지금도 시골에는 그 장롱이 작은 방 한편에 자리 잡고 있다. 반짝이는 자개의 결 속에는 어머니의 손길과 시간, 정성이 고스란히 배어 있다.

옻칠미술관을 나오면서 내 삶을 돌아본다. 오래도록 나는 마치 알몸처럼 살아왔던 것 같다. 보호막 하나 없이 세상과 부딪히며, 때로는 상처 입고 때로는 벗겨지며 그렇게 버텨왔다. 하지만 지금의 나는 다르다. 어느새 내 몸 위에도 옻칠이 덧입혀졌다. 시간이 흐르며 세월이 남긴 자국들, 관계 속에서 새겨진 무늬들, 견뎌낸 아픔들이 한 겹 두 겹 쌓이며 나를 단단하게 만들어 왔다.

이제 나는 내 안에 깊은 옻빛을 품고 싶다. 그것은 단순히 나이를 먹었다는 표시가 아니다. 상처를 견뎌낸 흔적이며, 수많은 날을 지나며 다져진 내면의 깊이다. 그 깊이 속에는 여전히 빛을 잃지 않는, 영혼의 광채가 있다. 누군가의 눈에는 보이지 않겠지만, 내가 걸어온 시간, 흘린 눈물, 참아낸 날들 속에서 피어난 것임을 보여주고 싶다.

이제 나는 그 옻빛을 내 삶의 색으로 삼으려 한다. 조용하지만 단단한, 그리고 오랫동안 빛나는 색으로.

세계에서 개방된 가장 큰 감옥

요즘은 뉴스를 켜는 일이 망설여진다. 며칠째 중동 지역에서 들려오는 전쟁 소식은 차마 외면할 수 없는 아픔으로 다가온다. 지리적으로는 나와 한참 떨어진 곳, 지도 위에서 손가락으로 짚어야 겨우 위치를 알 수 있는 그곳. 하지만 뉴스 화면 속 무너진 건물과 울부짖는 사람들의 모습은 너무도 생생해서 마치 바로 내 곁에서 일어난 일처럼 느껴진다.

2024년 3월 31일 가자지구, 수천 킬로그램의 폭탄이 떨어지면서 거대한 분화구가 생겼다. 그 순간, 지옥과도 같은 상황이 펼쳐졌다. 이스라엘의 공습으로 숨진 주민들이 담긴 흰색 시신 가방이 인근 거리를 가득 메우고, 그들의 목숨이 사라진 자리엔 절망만이 가득했다. 3주째 이어지고 있는 이스라엘과 팔레스타인 간의 전쟁에서 1만 명에 가까운 사망자가 발생한 가운데, 이스라엘은 가자지구 난민촌에 대규모 공습을 단행했다.

가자지구는 아프리카 대륙에서 소아시아를 향하는 중요한 통로에 있는 전략적 장소여서 3000년 전부터 수많은 제국들 간에 치열한 쟁탈전이 벌어진 곳이었다. 이집트, 아시리아, 바빌로니아, 페르시아, 이스라엘 등 각 나라는 이 지역을 차지하기 위해 끊임없이 싸웠고, 그 과정에서 수많은 사람이 고통 받았다.

2008년과 2012년, 2014년, 이스라엘과 하마스 간의 충돌이 반복되었고, 그때마다 수많은 희생자가 발생했다. 특히 2014년에는 이스라엘 공군의 폭격과 지상군의 진입으로 대규모 전투가 벌어졌고, 그 결과 1만여 명이 목숨을 잃었다. 휴전 선언이 내려졌지만, 가자지구의 상황은 여전히 위태롭다.

현재 가자지구에서의 삶은 그저 '사는 것' 그 자체가 고통이다. 매일 밤 10분에서 15분 간격으로 폭격이 지속되며, 사람들은 잠을 이룰 수 없고, 낮에도 폭격은 멈추지 않는다. 무너지는 것은 단지 집이나 건물뿐만이 아니다. 꿈과 희망, 나아가 생명까지 무너지고 있다. 살아남은 사람들은 정든 집을 떠나, 물과 음식조차 없이 피난을 떠난다. 그중에는 당뇨 환자, 어린이, 장애인, 갓난아기까지 포함되어 있다. 어린이 일부는 천연두에 걸린 상태다. 화장실도, 물도, 전기도 완전히 끊겼다. 인슐린이 부족해 사람들이 죽어가고 있다. 거리에는 화약 냄새가 진동하며, 집 안에도 그 냄새가 가득하다. 사람들은 그저 죽음을 맞이할 준비를 하는 듯하다.

이들은 오직 신께 기도할 수밖에 없다. 신의 기적으로, 오늘은 조금이라도 덜 다치고 잔해 속에서 살아남기를 기도한다. 수십 구의 주검이 거리마다 널려 있다.

"오 신이시여, 제발 저희를 도와주소서. 만약 죽을 운명이라면, 차라리 조금이라도 빨리 죽게 해주시길 기도합니다."

사람들은 더는 희망을 품기 힘든 상황에 놓였다. 그들의 기도는 절망 속에서 살아남기 위한 몸부림이다.

이스라엘과 팔레스타인의 전쟁은 어제, 오늘 일이 아니다. 이는 종교 전쟁이자 성지 수호 전쟁이다. 유대교와 이슬람교는 역사적, 종교적 갈등을 깊게 남겼고, 양측 모두 그들이 믿는 신과 성지를 지키기 위해 싸운다. 유대교는 유일신을 섬기고 예수를 거부하며, 이슬람교는 알라신을 믿고 예수를 선지자로 인정한다. 유대교의 경전은 구약 성경과 토라이며, 이슬람교는 꾸란을 신성한 경전으로 여긴다. 또한, 구원의 개념에 있어서 유대교는 율법을 지키고 선행을 통해 구원을 얻는다고 믿고, 이슬람교는 알라의 뜻을 따르고 선한 행위를 통해 구원을 얻는다고 주장한다.

이 두 종교의 차이는 신앙의 본질에서부터 갈등을 불러일으켰다. 유대교는 예수를 신성모독자로 여기고 부정적으로 인식하는 반면, 이슬람교는 예수를 선지자로 인정하는 등 종교적 관점에서 깊은 차이를 보인다. 하지만 종교 전쟁이 단순히 종교 차이에서 비롯된 것만은 아니다. 자국민의 지역적인 안보 문제와 인종, 종교, 영토에 대한 갈등이 이 전쟁을 더욱 격화시켰다. 각 나라는 자신들의 존재와 정체성을 지키기 위해 싸운다.

그렇다면, 전쟁을 일으킨 이들이 지향하는 궁극적인 목표는 무엇일까? 종교의 목표는 본래 인간을 선행으로 이끌고, 삶의 고통을 줄여주며, 어려운 시기를 극복하도록 돕는 것이다. 하지만 현대 사회에서 종교는 점차 변질되고, 권력과 세력의 싸움으로 변해갔다. 16세기 후반부터 양 교파 간의 대립은 끊임없이 이어졌고, 종교는 더 이상 인간 구원의 수단이 아닌, 정치적, 군사적 이익을 추구하는 도구로 변모했다.

우크라이나와 러시아의 전쟁이 여전히 지속되는 가운데, 이스라엘과 팔레스타인 간의 전쟁이 터지면서 세계적인 파장을 일으키고 있다. 그로 인하여 물가, 유가, 환율, 주가, 원자잿값, 수출입 등 모든 것이 불안정해지고 있으며, 각국은 자기 앞가림이 힘든 상황에 부닥치게 되었다. 전쟁은 이제 단지 특정 지역의 문제가 아니라, 전 세계를 흔드는 위협으로 다가오고 있다. 사회는 점점 더 큰 위기를 맞고 있으며 각국은 경제적 압박을 받고 있다.

전쟁은 세계를 개방된 감옥을 만들어가고 있다. 언제까지 우리는 이러한 폭력과 전쟁 속에서 살아가야 할까? "정녕, 신(神)은 무엇을 하고 계십니까?" 몽니를 부려보지만, 그에 대한 해답은 우리 스스로에게 있다고 본다.

전쟁터에서 살아가야 하는 사람들은 담장이나 철창이 없어도, 완전히 갇혀버린 채로 존재한다. 이것이 진정, 세계에서 개방된 가장 큰 감옥이 아니고 무엇이겠는가.

3

삶, 그리고 틈

진국

    11월 초순에 동장군은 예고 없이 점령했다. 갑자기 추워진 탓에 가벼운 외투가 무용지물이었고, 사람들은 따뜻한 곳을 찾아 서둘러 떠났다. 며칠 전까지만 해도 산책길에선 가을 햇살이 등을 따스하게 감싸주었고, 낙엽 밟는 소리에 여유를 누릴 수 있었는데, 그 시간이 무색할 만큼 계절은 성큼 건너뛰었다. 때마침, 저녁 시간이라서 가까운 곰탕집으로 들어갔다. 문을 열자마자 퍼지는 고소한 국물 냄새에 마음마저 풀어졌다. 밖에서 웅크렸던 어깨를 조금 내려놓고, 자리에 앉았다. 김이 모락모락 나는 뜨거운 뚝배기에 부추를 한껏 넣고 잘 익은 깍두기 한 점을 올려 먹으니 몸 구석구석에 온기가 돌았다.
    해마다 첫서리가 내려고 날이 으스스할 때면 한우 사골과 두어 개와 아롱사태를 넣고 가스 불에 사골을 우려냈다. 시간이 지나면 집 안에는 김이 자욱하게 피어올랐고, 후드 팬은 하루 종일 쉼 없이 돌아갔다. 그 소음조차 내겐 정겨운 소리였다. 긴 시간을 불 앞에서

서성이다 보면 어느덧 진하고 고소한 곰탕이 완성되었다. 아롱사태를 결대로 찢어 넣고 다진 파를 듬뿍 넣은 곰탕 한 그릇이면 다른 반찬이 필요 없었다. 남김없이 비워내는 가족들을 보면 뿌듯한 느낌이 들었다. 그것은 단순한 음식이 아니라, 엄마의 정성이 담긴 따뜻한 사랑의 표시였다.

그럴 때마다 떠오르는 한마디가 있다. "사람은 진국이어야 한다."
어머니가 내게 자주 하시던 말이었다. 어릴 적에는 그 말이 그저 착하고 정직하게 살라는 뜻인 줄만 알았다. 나이가 들어 그 속에 담긴 진짜 뜻을 알게 되었다. 진국이라는 것은 단순히 겉으로 보이는 착함이 아니라, 오랜 시간과 정성 속에서도 변하지 않는 진실함이었다.

어머니야말로 진국이었다. 어머니는 평생을 신앙으로 살아가신 분이었다.

하루의 시작은 언제나 새벽이었다. 동이 트기 전, 아직 어둠이 짙게 깔린 새벽 4시면 어머니는 조용히 일어나 교회로 향하셨다. 바람이 세차게 부는 날도, 눈이 펑펑 쏟아지는 날도 어김없었다. 그 뒷모습은 내게 하나의 상징처럼 남아 있다. 묵묵히 믿음을 따라 걷는 삶, 그것이 어머니의 길이었다. 낮이 되면 어머니는 늘 분주하셨다. 이만여 평이 넘는 넓은 땅. 물론 일손을 거들어주는 이들이 있긴 했지만, 농사일의 뒷바라지는 어머니 몫이었다. 그 작고 야윈 몸으로, 어떻게 그 큰일을 감당하셨을까. 지금 생각해도 놀랍기만 하다. 불

평 한마디 없이 일하던 어머니의 모습은, 내가 배운 가장 위대한 인내의 표본이었다.

어머니는 목소리를 높이는 일도 없었고 잔소리도 거의 없었다. 하지만 어머니의 말에는 늘 무게가 있었다. 짧은 한마디에도 진심이 실려 있었고, 말보다는 침묵 속에 책임과 사랑이 담겨 있었다. 꾸짖는 대신 바라봐주었고, 몸소 몸으로 보여주셨다. 그런 어머니 곁에서 나는 조용하고 차분한 사람이 되어갔다.

학교를 졸업하고 은행에 다니던 시절, 어느 날, 창구에서 나이 지긋한 고객 한 분이 내게 말했다.

"김 대리는 참 진국이야."

그 말을 처음 들었을 땐, 솔직히 좀 서운했다. 괜히 기분이 묘했다. '예쁘다'거나 '일 참 잘하네' 같은 말이 더 듣고 싶던 시절이었다. '진국'이라는 말은 어쩐지 나를 너무 일찍 어른으로 만들어버리는 것 같았고, 왠지 무겁고, 부담스럽게까지 느껴졌다. 하지만 시간이 흐르고, 더 많은 사람을 만나고, 관계의 속을 들여다보면서 나는 그 말의 진짜 의미를 조금씩 이해하게 되었다. '진국'이라는 말은 단지 성실하다는 얘기가 아니었다. 잘 보이려고 애쓰지 않아도 화려하게 포장하지 않아도 시간이 흐를수록 그 사람의 진심이 느껴지고 함께 있을수록 마음이 놓이고 편안해지는 사람이란 것을, 요즘은 나도 후배나 아들의 친구들을 바라보다 보면, 문득 그 말을 꺼내곤 한다.

"참 진국이네."

요즘, 진국 같은 사람은 점점 더 귀해지고 있다. 보여주는 삶보다는 지켜내는 삶을, 말보다 행동을, 감정보다 신뢰를 더 소중히 여기는 사람. 그런 사람은 화려하진 않아도 오래도록 곁에 두고 싶은 사람이다.

긴 시간 정성으로 끓여낸 국물처럼, 누군가의 하루를 따뜻하게 데워주는 사람. 그런 사람이 되어, 누군가의 기억 속에 '진국'이라는 이름으로 남고 싶다.

보이지 않는 것들

때로는 눈에 보이지 않는 것들이 오히려 더 선명하게 다가올 때가 있다. 요즘 나는 결혼한 딸과 하루에 한 번씩 통화한다. 딸은 늘 맑고 경쾌한 목소리로 전화를 받는다. 마치 악보 위를 뛰노는 '솔' 음처럼, 그 소리는 듣는 내 마음까지 밝게 만든다. 하지만 오늘은 달랐다. 전화기 너머로 들려오는 딸의 목소리는 평소와는 다른, 낮고 힘없는 '레' 음처럼 가라앉아 있었다.

"무슨 일 있니?"

나는 조심스레 물었다. 그러자 딸은 직장에서 받은 스트레스와 쌓여 있는 피로 때문이라고 털어놓았다. 몸도 마음도 많이 지쳐 있는 듯했다.

목소리는 눈에 보이지 않지만, 사람의 마음을 가장 먼저 비추는 거울 같다. 걱정이 많을 때는 목 근육이 먼저 긴장하고, 그 떨림이 소리에 고스란히 담겨 전해진다. 딸의 힘겨운 목소리는 그대로 내 가슴에 와닿았다. 말로는 다 담아낼 수 없는 피로감이 그 짧은 통화 속에 숨어 있었다.

　전화를 끊고도 한동안 멍하니 앉아 있었다. 딸의 어깨 위에 놓인 무게가 느껴졌고, 그 무게가 어느새 나의 어깨로도 옮겨온 듯했다. 부모란 그런 존재인 모양이다. 멀리 떨어져 있어도, 목소리 하나에 흔들리고 아프다.

　어릴 적부터 이른 새벽이면 어스름한 어둠 속에서 어머니는 아침 준비를 하면서 찬송을 부르셨다. 그 목소리는 크지 않았지만, 깊고 잔잔하게 집 안 가득 퍼졌다. 마치 새벽 공기 속에 은은하게 피어오르는 안개처럼, 조용히 그 소리는 내 마음에도 스며들었다. 그 시절, 나는 시골 출신으로 도시 친구들과의 학교생활이 막막하고 외로움으로 가득 차 있었다. 낯선 친구들과 서먹함은 이유 없이 불편함을 불러왔다. 그런데 이상하게도 어머니의 찬송가 소리에 마음 한구석이 따뜻해졌다. 그 목소리는 마치 '괜찮다'라고 말해주는 것 같았다. 매일 어머니의 찬송 소리를 듣고 힘을 얻었다. 어머니에게 믿음이 깊었고, 그 믿음은 고스란히 찬송 속에 담겨 있었다. 비가 오든 눈이 오든, 마음이 힘들어도 기뻐도, 어머니는 늘 그 자리에서 찬송을 부르셨다. 나는 그런 어머니의 모습을 통해 평온함을 찾았다. 어머니의 찬송은 단순한 멜로디가 아니라, 그 자체로 두려움을 사라지게 하고 안정감을 주었다.

　힘들어하는 딸아이에게 엄마의 노래 대신 한 통의 문자를 보냈다. "딸아, 엄마가 도와줄 일이 있으면 이야기하렴." 그 말 속엔 내가 할 수 있는 모든 마음을 담았다. 엄마가 네 곁에 있다는 위로받는 느낌과 손 내밀고 싶다는 애틋함이 서려 있다. 하지만 돌아온 딸의 답장은 의외였다.

"엄마, 괜찮아, 이런 힘든 상황이 나를 단련시키고 성장시키는 시간인 것 같아. 엄마가 너무 걱정하지 않았으면 좋겠어."

나는 잠시, 휴대폰 화면을 오래도록 바라보았다. 하지만 엄마의 눈은 안다. 말하지 못할 힘듦이, 말에 숨겨진 진심, 그 모든 것들이 눈에 보이진 않아도, 마음으론 들린다. 엄마를 안심시키려 애쓰는 배려까지. 엄마는 안다. 엄마는 무엇이든 너와 함께할 준비가 되어 있는데, 누구에게 기대기보다 스스로를 단련하며 한 걸음씩 나아가려는 그 마음이 더 아프게 한다.

어느 땐, 눈을 감으면 더 선명해지는 것들이 있다. 눈을 감는 그 순간, 사라졌던 기억들이 하나둘 또렷하게 떠오른다. 마치 오래된 필름을 다시 돌려보는 것처럼, 빛바랜 장면들이 마음속에 조용히 스며든다.

누군가를 그리워할 때면 더욱 그렇다. 말하지 못했던 진심, 그때는 너무 어려서 몰랐던 마음, 혹은 너무 용기가 없어서 미처 꺼내지 못한 한마디. 그런 것들이 마음속 어딘가에 고스란히 남아 있다. 눈을 감으면 그 사람의 웃음소리도, 말투도, 나를 바라보던 눈빛도 다시 살아난다.

어쩌면 우리가 가장 소중히 간직해야 할 것은 눈에 보이지 않는 것들인지도 모른다. 그 기억들이 지금의 나를 이루고 있다는 것을 알기에 잊히지 않는 것인지 모른다.

플라톤은 현실 세계를 그림자에 비유했다. "우리가 보는 것은 실체가 아닌 그것의 투영일 뿐이라 했다. 그 실체는 어쩌면 눈으로 보이는 것이 아니라, 감은 눈으로 통과되는 세계가 있기 때문이다."라고 했다.

눈을 감으면 내 안의 진실이 보인다. 그 고요함 안에서 피어나는 삶의 느낌. 그것이야말로, 내가 살아 있음을 말해준다. 어쩌면 우리는 너무 바쁘게, 너무 밝은 곳만 바라보며 살아왔는지도 모른다. 하지만 눈을 감는 그 순간, 잊고 지낸 따뜻한 장면들이 마음 깊은 곳에서 조용히 말을 건넨다. 그 속엔 우리가 놓쳐버린 시간과, 다시는 돌아올 수 없는 소중한 감정들이 담겨 있어 비로소 자신에게로 돌아갈 수 있다.

통영에서 만난 숨결

통영의 세병관 앞에 섰다. 시원한 바람이 흐르고 마당 너머로 묵직한 기운이 느껴졌다. 오랜 세월을 견뎌온 검푸른 기와지붕은 선조들의 숨결이 스며들어 있는 듯했다. '은하수를 끌어와 병기를 씻는다'라는 뜻은 은하수를 끌어와 전쟁에서 흘린 피를 닦아 내고, 회한과 반성, 평화에 대한 간절한 바람을 담고 있다고 한다.

1605년에 제6대 통제사인 이경준이 세운 세병관은 팔각지붕 양식에 정면 9칸, 측면 5칸의 외관이 경이롭다. 통영은 군사지역으로 한 사람의 통제사와 수군 195명으로 위기에 빠진 조국을 지켜냈다. 그 영웅들 생각에 마음이 숙연해져왔다.

마루에 걸터앉아 통제영의 위용을 자랑하는 한 아름되는 기둥에 손을 대어본다. 오른쪽 끝 기둥에서는 다른 기둥에서 볼 수 없는 주름이 빼곡했다. 수백 년 동안 지붕 모서리에서 세병관을 떠안고 있느라 기를 다 모으고 있어서인지, 아니면 몇백 년 동안 강한 햇빛을 정통으로 받아서인지 한 아름되는 기둥에 길고 깊은 주름이 가득했다. 이곳 기둥 중 가장 기가 센 기둥이라며 가이드는 이 기둥에 큰 의미를 부여했다. 손을 대고 기도하면 뭔가 이뤄질 것 같아 두 눈을 감고 조용히 기도를 올렸다.

'영웅들의 호국정신을 이어받아 나라의 등불을 지키는 사람으로 살아가게 해주시옵소서.'라고. 그동안 없던 영웅심이 되살아 난 것은 충절의 고장이자 충무공의 기운 때문일 것이다. 설령, 힘(力)으로 못한다면 필(筆)로써 그리하고 싶은 마음 간절해진다.

자리를 옮겨 '운주당'으로 발길을 돌렸다. 임진왜란 당시 초대 통제사인 이순신 장군이 사용하던 운주당은 '군막 속에서 전략을 세운다'라는 뜻으로 이곳에서는 '거북선' '학익진' '명량해전' 등 23전 23승, 전승 신화의 토대가 되었다고 한다. 그밖에도 경무당, 무기를 보관하던 병고, 통제사 사택을 돌아보며 선조들의 애국 충절을 다시 한번 가슴으로 체험하는 시간을 보냈다. 이곳에 오니 나라를 위해 헌신한 그분들의 충절이 그 공간에 배어 있기 때문인지 방문객의 마음에서도 저절로 충절의 감정이 솟아난다.

버스로 20여 분을 달려 박경리 선생의 기념관에 도착했다. 선생을 기리는 문학관은 원주에도 있고, 하동에는 박경리 문학 & 생명관이 있다. 선생의 고향이자 영원한 안식처로 자리한 이곳은 눈부신 푸른 바다가 보이는 양지농원의 언덕에 자리 잡고 있다. 1,350평의 부지에 지하 1층 지상 1층 규모로 아담하게 자리한 전시관에는 수수한 한복 차림의 젊은 시절 모습과 진주여고 졸업하고 결혼한 당시 모습, 딸과 함께 살았던 시절이 전시되어 있었다. 작가의 대표작인 『토지』 친필 원고와 여권, 편지 책과 작품에 관한 논문 등 유품도 전시되어 있었다. 영상실에는 선생의 모습을 영상으로 볼 수 있어 더 친근하고 따뜻한 느낌을 받았다.

박경리 선생은 1926년 10월 28일 통영에서 출생했고, 본명은 '박금이'이다. 1945년 진주여고를 졸업하고 김행도와 결혼하여 이듬해 딸 김영주를 낳았다. 선생은 한국전쟁 중 남편과 생이별을 한 뒤 아이 둘과 함께 고향 통영으로 돌아왔다. 1954년 1월부터 이듬해 2월까지 한국 상업은행에서 근무하며 습작에 힘썼다. 1954년 6월엔 은행 사보 '천일'에 '박금이'란 본명으로 장시(長詩) '바다와 하늘'을 발표했다. 은행에서 퇴사한 뒤인 1955년 10월에는 '박경리'라는 필명으로 소설 '전생록'을 게재했다.

얼마 후 통영을 떠나 서울 돈암동으로 이사와 식료품 가게를 운영했다. 그가 김동리(金東里) 선생과 만난 것은 동리 선생 집에 고향 친구가 세 들어 살았기 때문이다. 이 인연으로 그는 김동리 선생의 지도를 받게 되었는데 선생도 모르는 사이 단편 '불안 지대'가 '계산'이라는 제목으로 바뀌어 1955년 8월 「현대문학」에 추천되었다. 이듬해에는 단편 '흑흑백백'이 또다시 추천받아 마침내 등단의 꿈을 이뤘다. '박경리'라는 필명은 김동리 선생이 지어준 것이라고 한다.

박경리 선생은 1969년 9월부터 필생의 역작인 『토지』 1부를 〈현대문학〉에 연재하기 시작했다. 얼마나 집념이 강했던지 1971년 8월 유방암 수술을 받고 퇴원한 그날부터 가슴에 붕대를 감은 채 원고를 다시 쓰기 시작해 1부 연재를 무사히 마쳤다고 한다.

기념관 마당에는 박경리 선생의 작은 동상 아래 선생의 유고 시집 중 '버리고 갈 것만 남아서 참 홀가분하다.'라는 글귀가 표석에 세워져 있다. 시를 보며 내게 남겨진 삶을 어떻게 살아가야 할지를 되새기게 본다.

선생의 딸 김영주는 "어머니는 시를 쓰고 싶다고 항상 말씀하셨고, 몸이 안 좋아지면서 산문을 쓰기 힘들어지셔서 말년엔 주로 시 작업만 하셨다."라며 시집 출간을 위해 60여 편의 시를 준비하셨지만, 미처 못 채우고 돌아가셨다."라고 했다.

기념관 뒤쪽으로 산책로를 따라 올라가면 박경리 공원과 묘소가 조성되어 있다. 파란만장한 근현대사를 온몸으로 겪으신 선생은 2008년에 작고하여 올해로 17주기를 맞는다. 선생의 묘소로 가는 길가에는 철쭉꽃이 환하게 피어나 산소를 안내하고 있었다. 산소에 도착해 문우들과 술 한잔을 올리며 묵념을 올렸다. 비석조차 없는 산소였지만, 방문하는 사람들의 발길이 선생을 외롭지 않게 했다.

작품「김약국의 딸들」과 1969년부터 1994년까지 26년 동안 집필한 『토지』를 보아도 박경리 선생은 어떤 역경 속에서도 포기하지 않는 끈질긴 생명력을 강조하고자 한다. 그러므로 선생의 작품은 비극이 파멸과 좌절의 종착역이 아니라 처절한 폐허 속에서도 솟아나는 생명력의 자긍심을 보여준다. 끝없는 죽음의 위협 속에 사는 우리에게 견디고 버티게 하는 한 줄기 희망을 제공해 준다.

　머무는 내내 선생의 '버리고 갈 것만 남아서 참 홀가분하다.'라는 시구가 맴돌았다. 유고 시집에는 선생의 한 많은 인고의 시간을 보내고 마지막 삶을 초연하게 받아들인 모습이 깊은 울림과 떨림으로 다가온다. 한국문학의 어머니이며 대가이신 선생은 많은 이들의 가슴속에 넘치도록 많은 자양분을 주고도 정작 본인은 척박한 환경에서 모진 세파와 싸우며 가셨다. 선생을 생각하면 나의 가벼움은 한 순간에 초연해지고, 사막화된 나의 심장에 한 폭의 오아시스를 심으셨다.

　예향과 충절의 도시 통영, 과거와 현재가 공존하는 도시, 통영은 자연마저도 어머니이고 아버지이다.

인생을 도둑질하는 자들

지난주, 한 통의 문자 메시지가 내 일상을 송두리째 흔들어 놓았다.
"귀하의 차량이 속도위반으로 적발되어 고지서를 발송했습니다. 고지서가 도달하지 않았을 경우 추가 벌금이 부과될 수 있으니 지금 확인하시기를 바랍니다."

그랬잖아도 그동안 몇 번이나 속도위반 고지서를 받아본 터라 '이번에도 또 찍혔니 보네' 하고 별 의심 없이 문자 속 링크를 눌렀다. 화면은 익숙한 '민원24' 사이트처럼 보이는 페이지로 순식간에 넘어갔다.

'최근에 과속한 적이 없는데…'라는 생각이 스치긴 했지만, 혹시 놓친 게 있나 싶어 이번엔 컴퓨터로 민원24에 직접 접속해 봤다. 그런데 아무리 찾아봐도 벌금이나 과속 관련 정보는 없었다. 그 순간, 갑자기 심장이 철렁 내려앉았다.

'잠깐… 이 번호… 그냥 일반 휴대폰 번호였잖아.'

순식간에 머릿속이 새하얘졌다.
경찰청도, 구청도 아닌 정체불명의 번호와 익숙하다는 착각과 평소의 습관, 그리고 한순간의 방심. 모든 게 퍼즐처럼 맞아떨어지는 찰나, 등줄기를 타고 스산한 기운이 흘러내렸다.
'당했다….'
뒤늦게 문자 스미싱을 당했다는 걸 알았다. 즉시, 은행에 전화해 통장 지급을 정지시키고, 신용카드도 모두 막아버렸다. 하지만 마음이 좀처럼 가라앉지 않았다. 휴대폰 안에는 각종 뱅킹 앱이 깔려 있었고, 갤러리에는 무심코 저장해둔 것을 비롯해 가족들의 신분증까지 저장되어 있었다.
손끝이 떨렸다. 혹시라도 그들이 내 모든 정보에 손을 댔다면, 상상만으로도 등골이 서늘했다. 서둘러 옷을 걸쳐 입고 집 근처 휴대폰 대리점으로 달려갔지만, 그런데 주말이라 셔터는 굳게 닫혀 있었다. 발을 동동 굴리며 결국 번화가에 있는 대리점까지 차를 몰았다.
가게 문을 열자마자 사정을 설명했더니, 직원은 담담하게 말했다.
"악성 앱이 설치됐을 가능성이 있습니다. 안전을 위해선 휴대폰을 초기화하셔야 해요. 차라리 새 기기로 교체하시는 게 낫습니다."
순간, 머릿속이 복잡해졌다. 초기화한다면 앱, 사진, 메모, 모든 걸 또다시 설정해야 했다. 게다가 업무 자료까지 다 휴대폰에 저장돼 있었기에, 망설이지 않을 수 없었다.
나는 다급하게 말했다.

"악성 앱만 삭제해 주실 수 있나요?"

그러자 직원은 한층 분명하게 말했다.

"이미 정보가 털렸을 수 있어요. 이런 경우 문자 스미싱 조직이 고객 신분증으로 대출까지 받는 일이 허다합니다."

그 말에 가슴이 철렁 내려앉았다. 그는 이어서 말했다.

"지금 이 기기 쓰시는 건 위험합니다. 교체하시죠."

휴대폰 가격을 묻자, 170만 원이 넘는 금액이었다. 당황스러움과 불안함이 뒤섞인 채로 나는 결국 대리점을 나와 파출소로 향했다. 경찰관에게 상황을 설명하자, 그는 '시티즌 코난'이라는 앱을 설치해 악성 앱이 있는지 확인해 주었다. 다행히도 악성 앱은 설치돼 있지 않았다. 그 말에 잠시 한숨을 돌릴 수 있었다. 그러나 파출소를 나서면서도 마음은 편치 않았다.

그들이 내 이름, 주소, 생년월일, 계좌번호를 알고 있는 건 아닐까?

그저 링크 하나, 단 한 번의 클릭으로 시작된 이 불안은, 아직도 어디까지 퍼졌는지 알 수 없었다. 불신은 점점 깊게 파고들었다. 그날 밤, 불안은 좀처럼 가시지 않았다.

신분증 정지도 하지 못한 채 주말은 금세 지나가 버렸고, 월요일 아침, 날이 밝자마자 동사무소와 경찰서를 찾아 신분증 재발급을 신청했다. 정지해 뒀던 계좌도 다시 풀어야 했기에, 곧장 은행으로 향했다. 눈발이 흩날리는 거리에서 점심도 거른 채 이곳저곳을 뛰어다

녔다. 창구 앞에 서 있는 내 모습이 문득, 너무 초라하고 한심하게 느껴졌다. 뭔가에 쫓기듯 허겁지겁 움직이는 내가, 내 삶이 아닌 것처럼 낯설었다. 자괴감과 무기력함이 한꺼번에 밀려왔다. 세상은 어느새 낯설고, 차갑고, 위험한 곳이 되어버렸다.

그런데 그 혼란 속에서 또 한 통의 전화가 걸려 왔다. 이번에도 낯선 번호였다.

"신용카드가 발급되었는데요, 지금 고객님 댁으로 배달 가려고 합니다. 주소 좀 불러주시겠어요?"

순간, 심장이 다시 '쿵' 하고 내려앉았다. 그 짧은 말 한마디가, 내 안에 남아 있던 마지막 안정감을 다시 무너뜨렸다.

이번엔 정말, 덫이 더 가까이 다가온 느낌이었다. 순간, 등줄기를 타고 식은땀이 흘렀다.

바로 그자였다. 그자는 내 이름과 주민등록번호까지 또렷하게 알고 있었다. 처음 메시지를 보냈던 번호와는 달랐지만, 이번엔 직감이 먼저 반응했다.

'또 당할 순 없어.'

나는 최대한 침착하게, 그러나 단호한 목소리로 말했다.

"제가 아닙니다."

그리고 망설임 없이 전화를 끊었다.

그 짧은 한마디, 그 단호한 손끝 하나가 내 삶을 지킬 수 있었던 결정적인 순간이었다. 문자 한 통, 전화 한 통이 사람 인생을 송두리째 흔들 수 있다는 걸 나는 이번 일을 통해 뼈저리게 느꼈다. 또다시 노려졌다는 분노가 가슴 깊이 파고들었다.

'이젠 끝났겠지' 싶던 순간에 다시 덮쳐온 공포는 단순한 사기 그 이상이었다. 그건, 내 일상과 신뢰, 그리고 스스로에 대한 믿음을 뒤흔드는 또 한 번의 침입이었다.

얼마 전, 은행에 근무했던 사람이 문자 스미싱에 속아 수억 원을 잃고, 비참한 노후를 맞고 있다는 이야기를 들었다. 그가 겪은 일은 정말 믿기 어려운 일이었다. 익숙한 은행 고객센터 번호로 사칭한 문자였다. "보안 문제가 감지돼 큰 피해가 우려됩니다. 지금 본인 확인이 필요합니다." 그 자는 급박하게 말하며, 피해자를 불안하게 만들었다. 피해자는 그 순간 전화를 끊으면 오히려 더 큰 손해를 볼까 봐 망설였고, 결국 그 자는 자연스럽게 계좌번호와 개인 정보를 요구했다. 피해자는 경계를 풀고, 아무 의심 없이 그 모든 정보를 흘러버렸다. 그 후 며칠 동안 아무 일도 없었지만, 은행에서 날아온 한 통의 문자 메시지가 피해자를 얼어붙게 했다. 이미 모든 돈은 빠져나갔고, 심지어 대출까지 발생해 있었다. 그제야 모든 상황을 파악했지만, 이미 늦었다.

문자 스미싱 피해는 단순히 돈을 잃는 것만이 아니다.

피해자가 잃은 것은 금전적인 피해만이 아니었다. 신뢰라는 가장 소중한 가치를 잃고, 하루아침에 안정적이었던 일상이 무너졌다. 그 억울한 마음은 어떻게 풀어낼 수 있을까? 피해자는 단지 친절하고 도움을 주려는 의도로 전화를 받았을 뿐인데, 그 작은 실수가 그의 삶과 가족의 미래를 위협할 줄은 꿈에도 몰랐다. 전직 은행원이 어떻게 그렇게 쉽게 당할 수 있었는지, 그 분노와 억울함은 그 무엇과도 바꿀 수 없는 깊은 상처가 되었다고 한다.

이 사건을 통해 나는 배웠다. 누군가가 나의 신뢰를 악용할 수도 있다는 것을, 무심코 누른 링크 하나가, 무방비한 믿음이, 어떤 사람에겐 재앙이 될 수 있다는 사실을 말이다.

문자 스미싱은 단순한 개인 실수가 아니다. 사람의 신뢰와 안정을 노린 악의적인 범죄다. 말 속에 무기를 감춘 그자들은 치밀하고 교활하다. 진짜 피해는 돈이 아니라, 사람을 믿을 수 없게 된 마음, 그리고 그 마음에 남은 깊은 상처다.

누구나 피해자가 될 수 있고, 누구든 그 대상이 될 수 있다. 자신을 지키기 위해서는 늘 경계해야 한다. 의심하라, 그리고 확인하라.

이제 나는 누군가의 목소리 하나에도 한 번 더 생각한다. 링크 하나도, 문장 하나도 함부로 누르지 않는다. 세상은 생각보다 더 날카롭고, 그 속의 함정은 더 교묘하다. 인생을 지키는 첫걸음은, 언제나 '한 번 더 의심하는 마음'이라는 걸 알게 되었다.

프로크루스테스의 침대

프로크루스테스는 괴물이었다. 지나가는 사람들을 침대에 눕혀 키가 크면 다리를 자르고, 짧으면 억지로 사지를 늘여 죽였다는 신화 속 인물. 섬뜩했지만 낯설지 않았다. 그건 그저 옛이야기가 아니라, 지금도 종종 우리 사회가 하는 일이었다. 기준은 고정되어 있고, 사람은 거기에 맞춰야 한다고 믿는다. 학교에서, 직장에서, 때론 가족 안에서도, 우리는 그 침대 위에서 몸을 줄이고 늘이며 살아가는 시대를 살아가고 있다.

나도 어느 순간부터 하나의 침대를 만들고 있었다. '이 정도는 해야지.' '이 나이엔 이만큼 이뤄야 해.' '이런 사람은 옆에 두면 안 돼..' '왜 저 사람은 저렇게밖에 못하지.' '왜 저런 선택을 하지.' 속으로 재단하고 판단하면서, 나도 모르는 사이 괴물이 되어 있었다.

남이 만든 기준도 있었지만, 대부분은 내가 나를 향해 세운 것들이었다. 그리고 나는 그 침대 위에 나를 눕혔다. 크면 깎아내고, 작으면 노력 부족이라며 채찍질했다. 더 무서운 건, 그 침대에 타인을

눕히기도 했다는 사실이다.

오래전, 내가 선임으로 근무할 때였다. 새로운 후임이 들어왔다. 첫인상부터 썩 마음에 들지 않았다. 그 신입은 말수가 적었다. 조용한 사람이라기보다는, 어디에도 딱히 집중하지 않는 사람처럼 보였다. 몸놀림은 무뎠고, 표정에는 의욕이라는 것이 느껴지지 않았다. 아침 인사도 입 모양만 겨우 움직이고, 회의 시간엔 눈은 떠 있으나 마음은 딴 데 있는 듯 보였다.

처음엔 '적응 중이겠지' 싶었다. 낯선 환경에서 조심스러울 수도 있고 긴장해서 말이 없을 수도 있다. 하지만 시간이 지나도 그의 태도는 좀처럼 변하지 않았다. 일을 맡기면 고개는 끄덕이는데, 마치 기계적으로 반응하는 듯했다. 주어진 일은 했지만 딱 거기까지였다. 스스로 뭔가 더 해보려는 마음은 없었다. 피드백을 주면 "네, 알겠습니다" 하고 끝이었다. 그다음에 달라지는 건 없었다. 한두 번은 이해하려 했다. 하지만 같은 일이 반복되었고 함께 일하는 사람들의 입에서도 점점 실망이 흘러나왔.

신입의 완벽함을 기대하지 않지만 실수도 괜찮고, 부족함도 얼마든지 감수할 수 있다. 하지만 단 한 가지 '태도'만큼은 그렇지 않다.

나는, 그를 다듬기 시작했다. 말은 정중하게 해야 한다, 업무는 신중하게 처리해야 한다, 후임답게 예의를 지켜야 한다며 하나하나 가르치고 지적했다. 같은 질문을 반복하면 "스스로 해결해 봐야 자기 것이 된다"라며 질책도 했다.

그때까지만 해도 나는 내가 옳다고 믿었다. 조직이 제대로 돌아가려면 어느 정도의 기준과 질서는 필요하다고 생각했고, 선임으로서 후임의 부족한 점을 바로잡는 건 당연한 일이라고 여겼다. 나도 그렇게 배워왔고, 그렇게 살아왔으니까. 시행착오를 줄여주는 게 오히려 배려고 도움이라며 나 자신을 정당화했다. 그렇게 하루하루를 신입의 태도를 고쳐나가기 시작했다.

두 달쯤 지난 어느 날 신입은 출근하지 않았다. 별다른 예고도 연락도 없었다. 며칠 뒤 인사팀을 통해 그가 자발적으로 퇴사 의사를 밝힌 사실을 전해 들었다. 그가 왜 사표를 냈는지는 알 수 없다. 일이 생각과 달랐던 건지 조직 문화에 적응하기 어려웠던 건지, 아니면 내가 지도하는 방식이 부담이었는지도 모른다. 여러 가능성이 있었고, 어느 하나로 단정 지을 수는 없었다.

그 일이 있고 나서, 나 역시 내 태도에 대해 돌아보게 되었다. 혹시 내가 너무 지설적이었나, 피드백의 강도가 과하진 않았는지 생각해 보았다. 그러나 신입이 겪었을 전체적인 어려움 속에서 그것만이 결정적인 이유였다고는 생각하지 않는다. 사람마다 적응 속도도 다르고, 일에 대한 기대와 현실의 간극도 다를 수 있다. 결과적으로 그는 본인에게 맞지 않는 길이라고 판단했다.

지금 생각해 보면 그저 내가 만든 기준에 신입을 억지로 끼워 넣으려 했던 것이 아니었을까, 나도 모르게 프로크루스테스의 침대를 꺼내 들고, '회사 선임'이라는 이름으로 그를 재단한 것은 아니었을까.

그 후, 나는 조금씩 달라지기 시작했다. 누군가 자신의 방식대로 일하더라도, 예전처럼 섣불리 단정 짓지는 않게 되었다. 그렇다고 그의 모든 점이 받아들이는 것은 아니지만, 적어도 '반드시 고쳐야 한다'라는 생각은 내려놓았다.

탈레브는 『블랙 스완』 저서를 통해 '세상은 본래 예측 불가능하고 비정형적'이라는 사실을 강조해 왔다. 그리고 우리는 그 불확실성을 억지로 제어하려고 할 때, 오히려 더 큰 오류와 왜곡에 빠진다고 경고한다. 그는 '틀에 세상을 맞추려 하지 말고, 세상의 흐름에 유연하게 대응하라는 것'이라고 했다.

이제는 내가 믿는 방식이 늘 옳은 것은 아니라는 사실을 안다. 그동안 그것은 그저 내가 익숙했던 방식일 뿐이라는 것을, 그리고 그 익숙함을 기준 삼아 만든 침대가, 누군가에게는 조용한 고문이 될 수 있다는 것도.

진짜 좋은 리더란 사람마다 다른 침대를 마련해 줄 줄 아는 사람이란 걸 왜 몰랐을까. 길이가 달라도, 모양이 제각각이어도, 그 사람이 편히 쉴 수 있는 자리를 내어주는 것. 그게 지혜로운 사람이란 걸 알게 되었다. 우리에게 필요한 건 틀을 세우는 일이 아니라, 그 틀을 벗어나려는 용기다.

나는 이제, 누군가를 처음 만날 때 프로크루스테스가 되지 않는다.

다림질

 봄이 오는가 싶더니 여름이 성큼 다가왔다.
 장롱 깊숙이 개켜두었던 여름옷을 하나둘 꺼낸다. 꿉꿉하고 눅눅한 장롱 냄새를 머금은 옷들이 스팀다리미의 뜨거운 입김 아래에서 새 옷처럼 되살아난다. 이 옷들엔 시간과 추억이 고스란히 스며 있다. 연베이지 원피스는 백화점 정기세일 때 우연히 발견했던 것이고, 하얀 블라우스는 한여름날 마음이 들떠 있었던 어느 아울렛 거리의 기록이다. 하지만 계절이 바뀌면, 그렇게 설레며 골랐던 옷들은 금세 잊히고 장롱 속 어딘가로 밀려난다. 옷뿐일까. 그때의 나, 그때의 마음마저도 함께 구겨진 채로 장롱 속으로 사라진다.
 다림질을 하다 보면 참 많은 생각이 든다. 어떤 옷은 몇 번이고 다려도 주름이 쉽게 펴지지 않는다. 면 셔츠는 옷 모양이 복잡해도 스팀이 지나간 자리가 도화지처럼 잘 펴지지만, 데님이나 폴리에스터 같은 합성섬유는 다루기도 어렵고 고집스럽다. 그런 옷들을 바라보다 문득 '사람'의 모습이 떠오른다. 사람도 면처럼 순한 사람은 갈등도 부드럽게 펴지지만, 편견과 고집이 쌓인 사람은 쉽게 다가서기 어렵다. 검은색 바지처럼 주름이 눈에 잘 띄지 않는 옷도 있다. 어두운 옷은 어디에 있어도 조용하고 튀지 않던, 내성적인 내 성격을 닮은 것 같다.

다림질은 그저 옷의 구김을 펴는 일쯤으로만 여겼던 때가 있었다. 하지만 이제는 그 행위가 마치 삶의 주름을 펴는 시간처럼 다가온다. 살아오며 생긴 자국들, 마음속에 잡힌 주름들을 펴고 싶어지는 순간이 있다.

그런 의미에서 다림질이 '불로초'란 생각이 든다. 불로초. 늙지 않는 약초, 진시황이 그토록 찾아 헤맸던 전설 속의 영약, 인류가 수천 년 동안 갈망해온 꿈. 시간의 주름을 펴는 일, 어쩌면 다림질과 불로초는 그런 점에서 닮았는지도 모르겠다. 정작 그가 바랐던 것은 단지 오래 사는 것이 아니라 시간으로부터의 자유였을 것이다. 죽음을 피하고자 하는 욕망은, 곧 주름 하나 없는 삶에 대한 갈망이 아니었을까.

예전엔 불로초를 영원히 늙지 않는 신비의 약초라고만 여겼지만, 지금은 자신을 돌아보고, 주름진 마음을 정리하고, 삶의 구김을 펴려는 노력이 젊음을 되찾는 것과 닿아 있을 것이라는 생각이다. 따뜻한 창가에서 차를 마시고, 오랜 친구에게 안부를 묻고, 적당한 운동으로 정신과 육체의 지키는 것, 이렇듯 일상에 작은 불로초들이 숨겨져 있다.

법정 스님의 마지막 작품 「아름다운 마무리」에서 "자신의 꿈과 이상을 저버릴 때 늙는다. 세월은 우리 얼굴에 주름살을 남기지만, 우리가 일에 대한 흥미를 잃을 때는 영혼이 주름지게 된다."라고 한 마무리 문장이 떠오른다.

외면의 노화는 피할 수 없어도, 내면의 주름은 내가 선택이라는 말에 공감이 간다. 배우려는 의욕이 사라질 때, 인생은 점점 녹이 슬기 시작한다는 말, 지식이 아니라 궁금해하는 마음이 멈추는 순간 영혼에 주름이 지기 시작한다는 말일 것이다.

삶은 끊임없이 구겨지는 천과 같다. 우리는 그 주름 속에서 하루하루를 겪고, 때로는 다시 펼 수 없는 굴곡을 품은 채 살아간다. 그러고 보니 나도 곧 퇴직을 앞두고 있다. 마치 오래된 시계의 바늘이 똑딱거리는 소리처럼, 시간이 나를 향해 서서히 다가온다.

많은 퇴직자가 공통으로 말한다. 그 순간이 오면 마음이 무너진다고. 수십 년간 직장이라는 울타리 안에서, 회사 이름이 내 명함이었고, 월급이 나의 존재 가치를 증명해 주던 삶을 살다가 하루아침에 '자연인'으로 돌아간다는 건, 생각보다 훨씬 깊은 무게가 느껴진다. 퇴직하면 이름 석 자 외에는 내세울 것도, 불러줄 사람도 없는 현실 속에서 문득 '나는 누구인가'라는 질문이 떠오른다. 마치 정체성을 잃어버린 듯, 마음 한 가운데를 허전함이 파고든다. 그렇지만 가만히 생각해 보면, 퇴직이야말로 '진짜 나'로 살아갈 수 있는 시간인지도 모르겠다. 누군가가 정해준 역할도, 성과를 쫓는 압박도 없는 시간. 삶의 속도를 조금 늦추고, 새벽밥을 짓지 않아도, 주말마다 다림질에 쫓기지 않아도 된다. 쫓기듯 떠났던 여행, 억지로 참석해야만 했던 모임이 아니라, 이제는 내가 원해서 가는 길, 내가 만나고 싶은 사람과의 시간이 가능해졌다. 적당히 나른하고, 적당히 느슨한 생활도 나쁘지 않겠다고 생각한다.

현대의 불로초는 더는, 산속 깊은 곳에 숨겨진 신비한 풀처럼 찾기 어려운 것이 아니다. 이제는 냉장고 속 신선한 채소나 헬스장의 러닝머신 위에서, 명상의 고요함 속, 자신을 사랑하는 마음 안에서 발견한다. 또한 신체적인 건강을 넘어서 평생을 배움의 여정으로 살아가는 것에서 숨어 있지 않을까. 매일 새로운 것을 배우고, 세상과 나를 더 깊이 이해하려는 노력이 또 다른 불로초 모습이다.

불로초는 이제 영원히 사는 것이 아닌 이 순간을 온전히 살아가는 것이 된다. 질병 없는 몸, 흔들리지 않는 마음, 그리고 삶에 대한 애정, 이 모든 것은 자신이 노력하면 얻어지는 것들이다.

문득 유년 시절의 고향 집이 떠오른다.

대청마루에 다소곳이 앉아 푸새한 것을 손질하던 어머니, 입에 물을 가득 머금고 '푸'하고 내뿜은 물안개로 버석거리는 이불 홑청을 다스리셨다. 나와 마주 앉아 이불 홑청을 잡아당기던 그 장면, 나에게 맞은편 끝자락을 쥐게 하고 홑청을 팽팽히 잡아당겼다.

"너무 힘주지 마라. 엄마가 힘을 빼면 네가 쓰러져. 네가 힘을 빼면, 이쪽이 접히고."라고 말씀하셨다.

그 시절엔 몰랐지만, 지금은 안다. 그건 이불을 잘 펴는 법이 아니라 관계를 잘 다루는 법이었고, 삶을 더 지혜롭게 살아가는 방법이었다. 시간이 흘러 삶의 균형이 무너질 때마다 마음속에서 이불 홑청을 다시 폈다.

이제야 이름 석 자로 살아가는 법을 배워간다. 그동안 몸에 꼭 맞게 입었던 '사회적인 옷'을 벗고, 이제는 헐렁한 '나만의 옷'을 입을 차례다. 좋은 생각을 하고 좋은 음악과 함께 즐기며 배우는 공부, 그 넉넉한 옷을 입으려 한다. 오래 사는 것만이 아니라 삶의 속도를 늦추고 깊은숨을 쉬며, 순간순간을 온전히 느끼는 일. 그것이 바로 우리가 진정으로 찾고자 했던 '불로초'가 아닌가 한다.

울상짓던 옷들이 다림질을 통해 하나씩 하나씩 다시 제 모습을 찾듯 구겨진 나의 하루들도, 꺾인 마음들도 다시 펴질 수 있을 것 같다. 마치 오래된 옷을 입은 듯한 낡고 흔들렸던 마음이, 이제는 그 구겨진 자락들을 풀고 평온하게 펼쳐지는 순간을 맞이한다. 이 속에서, 나는 또 다른 나를 만나고, 나와 함께 늙어가며, 진정한 여유를 가져본다.

수필과 인간미

지난주, ○○문학회 수필 세미나에 토론자로 참석할 기회가 있었다. 오랜만에 문학의 현장에서 숨을 쉬며, 그 생생한 열기속으로 들어가는 느낌이 참 좋았다. 특히 강사로 온 유○○ 교수의 강연은 시작부터 분위기를 뜨겁게 달궜다. '수필과 인간미'라는 다소 평범해 보이는 주제였지만, 그 속에는 깊은 울림이 있었다.

강연을 들으며 문득 스스로에게 질문을 던지게 되었다. 좋은 수필이란 무엇일까? 그 물음은 강연을 따라가면서, 또 내 안을 들여다보며 천천히 답을 찾아가는 여정이 되었다.

나는 수필이란 결국 자기 고백이라고 생각한다. 잘 포장된 말이 아니라 마음 깊은 곳을 꺼내는 글. 겪은 일, 느낀 감정, 스쳐 간 생각들을 솔직하게 적어 내려가다 보면 어느 순간 나도 몰랐던 '진짜 나'가 드러난다. 어쩌면 수필은 타인을 위한 글이 아니라, 자기 자신을 찾아가는 과정일지도 모른다.

좋은 수필은 체험과 사색을 상상력으로 엮어, 결국엔 독자의 마음을 움직인다. 단어 하나하나에 진심이 배어 있다면, 그 글은 누군가의 가슴에 가만히 내려앉아 오래도록 머물 것이다. 이론적으로 잘 알고 있으면서 내가 써놓은 작품을 보면 늘 부족함을 느낀다.

아리스토텔레스는 『수사학』에서 사람을 설득하려면 세 가지가 필요하다고 했다. 이성(로고스), 감성(파토스), 그리고 신뢰(에토스). 그중에서도 가장 중요한 건 에토스라고 했다. 듣는 사람이 말하는 사람을 믿을 수 있어야 마음이 열린다는 뜻이다.

글도 그렇다. 글쓴이의 진정성과 신뢰가 독자의 마음을 움직인다. 아무리 문장이 유려해도, 마음이 느껴지지 않으면 오래 남지 않는다. 특히 수필은 글쓴이의 '사람됨'이 드러나는 글이다. 그래서 더욱 에토스, 즉 신뢰가 중요하다.

그렇다고 감성만으로 쓰는 건 아니다. 수필에는 상상력이 필요하다. 상상력이란 단순히 없는 이야기를 지어내는 것이 아니라, 내가 겪은 일과 느낀 감정을 하나의 그림처럼 엮어내는 힘이다. 눈에 보이지 않는 생각이나 마음을 글로 풀어낼 수 있게 해주는, 일종의 다리 같은 것이다.

이맘때가 되면 어김없이 문우들이 낸 수필집이 하나둘 내 손에 들어온다. 책장을 넘기다 보면 참 다양한 글들이 있다.

어떤 글은 그냥 하루의 흔적처럼 느껴진다. 겪은 일을 차례대로 적어두긴 했지만 그 안에 마음이 보이지 않는다. 마치 누군가에게 보여주기 위한 보고서 같기도 하고 그날그날을 점검하듯 적은 일기 같기도 하다. 그런 글은 안타깝게도 마음에 남지 않는다. 읽은 순간을 벗어나면 금세 기억에서도 사라진다. 그런데 어떤 글은 단 한 줄만으로도 나를 멈춰 세운다. 별다른 수식 없이 담백한 문장인데도, 그 안에 묘하게 마음이 스며 있다. 그 한 줄에서 글쓴이의 삶을 바라보는 시선, 조용하지만 따뜻한 결이 느껴진다. 그런 글을 만나면 나는 그 글을 쓴 사람이 궁금해진다. 어떤 목소리일까, 어떤 눈빛일까. 심지어 책을 덮고 나면 괜히 그를 한번 만나보고 싶다는 생각이 들기도 한다.

그럴 때면 조용히 나 자신에게 묻게 된다.

나는 과연 누군가에게 그런 글을 쓰고 있을까? 잠시, 부끄러워진다. 아직은 멀었구나 싶다. 마음을 다해 쓴다고는 하지만 문장과 마음 사이의 거리는 여전히 멀다. 진심이 닿기를 바라며 써 내려가도, 어딘가에서 흐려지고, 엉키고, 결국은 자신도 만족하지 못하는 글이 되어버리곤 한다.

아마 나는 아직도 글쓰기의 긴 골목을 도는 중인가 보다. 걸음을 멈췄다. 다시 걷고 가끔은 뒤돌아보기도 하며 천천히 가는 길. 그래도 그 길 위에서 문득문득, 내 글에 마음이 실리기를 바란다. 언젠가 누군가가 내 글을 읽고 조용히 멈춰 서기를, 그리고 나라는 사람을 한 번쯤 떠올려주기를 바라며.

세미나가 끝나갈 무렵, 문득 궁금해졌다. 그래서 교수에게 조심스레 물었다.

"왜 수필을 써야 할까요?"
대답은 아주 짧았다.
"내면을 남기기 위해서."
그 한마디에 마음이 멈췄다. 아주 단순한 말인데, 오래도록 여운이 남았다.

수필은 결국 자기 성찰의 기록이다. 내가 누구였는지, 무엇을 느끼고 어떤 생각을 품었는지 돌아보는 일이다. 그것은 단지 글쓰기의 기술을 넘어, 자신을 솔직하게 마주하는 용기에서 비롯된다. 때론 모자랐던 나를 비판하고, 무심코 지나친 감정을 다시 들여다보게 된다. 그런 과정을 통해 나는 조금씩 더 나은 나로 나아가려 애쓴다.

수필을 쓴다는 건 글을 빌려 나 자신에게 끊임없이 묻고 대답하는 일인지도 모른다. 그런데 삶의 고통이 그저 고통으로만 끝난다면, 아무 의미도 없다. 그 고통을 껴안고, 그것을 넘어설 수 있을 때 비로소 삶은 깊이를 가진다. 그리고 그 깊이가 글로 건너가 타인의 마음에 닿을 수 있다면, 수필은 단순한 기록이 아니라 '삶을 나누는 도구'가 된다. 결국 글을 쓴다는 건 삶을 정리하는 일이다. 나를 이해하고, 타인과 마음을 나누는 과정이다. 좋은 수필은 그 안에 진심이 있고, 통찰이 있고, 흔들림 없는 자기 고백이 있다.

"이 작가를 한번 만나보고 싶다."
그 글을 읽는 누군가가 조용히 책장을 덮으며 이렇게 말한다면, 그럴 때야말로, 한 편의 글은 제 몫을 다한 것이다.

나는 작은 돛단배

망망한 바다 위, 아득한 수평선 저 끝에 작은 돛단배 하나가 떠간다. 한 자락 바람에도 흔들리는 돛단배는 스스로 나가지 못하고 바람에 밀리고, 물살에 떠돈다. 돛단배는 자신의 의지보다는 바람의 흐름에 따라야만 한다. 어쩌면 우리네 인생과도 같다. 의지보다 운명에 가까워서 내가 정한 방향과는 다른 곳으로 흘러가는 힘 앞에 우리는 무력해진다.

나는 종종 내 삶을 그런 돛단배에 비유하곤 한다.

바다는 잔잔할 때도 있지만, 예고 없이 물결이 출렁이고, 어디로 흘러갈지 예측할 수가 없다. 그런데도 나는 늘 정해진 항로 위에 있으려 했다. 계획을 세우고, 방향을 정하고, 열심히 노를 저었다. 하지만 인생은 그런 나를 비웃기라도 하듯, 전혀 생각지 못한 방향으로 나를 끌고 갔다.

젊은 날에는 내가 배의 주인이라 믿었고, 모든 항로를 내 손으로 설계할 수 있겠다고 생각했다. 그러나 현실은 언제나 풍향계 없이 닥쳐오는 폭풍 같았다. 떠밀리듯 전공을 바꾸고, 떠밀리듯 사람을 놓치고, 떠밀리듯 낯선 땅에 뿌리를 내렸다. 나는 파도가 밀어주는 쪽으로만 나아가야만 했다. 항해한다기보다는, 그저 물에 뜬 조각배처럼 휘청이며 흘러갔다. 계획했던 삶은 늘 어긋났고, 계산한 미래는 자주 틀렸다. 처음엔 그것이 실패처럼 느껴졌다.

모든 게 뜻대로 되지 않을 때, 포기하고 싶은 날에도, 나는 돛을 걷지 않았다. 언젠가 이 바람도 지나갈 거라는 희망 하나로 계속 떠 있었다.

포기하지 않는 자에게 오는 것은 대단한 성공이나 극적인 반전만은 아니다. 오히려 그것은 내면에 쌓인 단단함이다. 누군가가 나를 이해하지 못해도, 삶이 뜻대로 풀리지 않아도, 여전히 내가 나를 붙잡고 있다는 것. 끝내 나를 놓지 않았다는 사실. 그것이야말로 포기하지 않은 자에게 주어지는 가장 소중한 선물이다. 내가 끝까지 붙들었던 것들은 어쩌면 남들 눈엔 별거 아닐 수 있다. 망설이면서도 출근을 반복했던 일상, 아무도 몰랐던 눈물 뒤의 고요한 밤. 하지만 그 모든 시간이 나를 만들어왔다. 세상이 보상하지 않아도, 나는 내가 살아냈음을 안다.

그리고 어느덧, 예순 중반이다. 지금까지 운명이 나를 끌고 온 것인지, 내가 운명을 끌고 온 건지 알 수 없지만, 살아남았다는 건강한 사실만으로도 자신에게 박수를 보내고 싶다. 화려한 성공도 없었고, 대단한 업적도 없다. 그저 하루하루 주어진 일을 하고, 때론 아프고, 때론 웃고, 그러면서 살아왔다. 젊었을 땐 꿈을 좇았고, 중년엔 책임을 감당했으며, 지금은 고요 속에서 스스로를 달래는 법을 배우고 있다.

앞으로 돛단배처럼 운명이라는 바람이 어디로 어떻게 흘러갈지 모르지만, 함께 떠가는 운명선에 맡기려 한다. 이제는 더 이상 노를 세차게 저으며 거슬러 올라가려 애쓰지 않는다. 바람이 부는 방향에 돛을 맡기고, 그저 흘러가는 풍경을 받아들이기로 했다.

젊었을 땐 미래가 지도 같았다. 어디쯤 도착할지 대강 그려볼 수 있었고, 목표를 세우면 그에 맞춰 삶을 조율했다. 그러나 노년이 되니 그 지도는 흐릿해지고, 오히려 나침반도 필요 없어진 느낌이다. 하루하루 살아가는 일이 가장 큰 여행이 되었고, 목적지보다도 '오늘'이라는 한 구간이 더 소중해졌다.

거울 앞에 서면 생전 처음 보는 얼굴 같다가도, 문득문득 어머니의 주름진 눈가와 닮은 내 모습을 발견한다. 손등의 피부는 얇아졌고, 무릎은 비 오는 날 먼저 일기예보를 한다. 하지만 이 또한 시간이 준 선물처럼 여겨진다.

무언가를 얻으려 달리던 시절과는 달리, 지금은 비워내는 법을 배우는 시간이다. 집안 곳곳에 쌓아둔 지 오래된 물건들을 정리하며, 마음속 묵은 감정들도 하나씩 접어놓는다. 집이 점점 가벼워지듯, 내 삶도 그렇게 조금씩 가뿐해진다.

노년이 물론 두려움이 없는 것은 아니다. 몸은 예전 같지 않고,

친구들은 하나둘 곁을 떠나고, 고요한 밤엔 쓸쓸함이 몰려오기도 한다. 그러나 이제는 그런 감정조차 거부하지 않는다. 받아들이고, 안아주고, 지나가도록 내버려둔다. 노년은 끝이 아니라 또 다른 출항이다. 목적지가 어딘지 몰라도 괜찮다. 풍경이 아름답고, 마음이 편안하면 그곳이 곧 머물 만한 항구다. 내가 할 일은 단 하나, 바람이 어디서 불어오든 돛을 열고, 그 흐름에 몸을 맡기는 일.

오늘도 나는 그렇게, 바람 부는 대로 떠난다.

이 나이에 여전히 나는 배 위에 있고, 아직 항해는 끝나지 않았다. 항로는 내가 정하지 못했지만, 그 안에서 내가 선택한 태도는 분명히 있었다. 그리고 그 태도가, 지금의 나를 여기까지 데려왔다. 그러다 문득 알게 된다. 완벽한 조타수가 되려 애쓰는 것보다, 풍랑 속에서도 가라앉지 않는 법을 배우는 것이 더 중요하다는 걸. 내 인생의 배는 더 이상 내가 완벽히 통제할 수 없는 존재가 아니다. 그것은 오히려, 내가 받아들일 수 있는 유연함 속에서 더 멀리 나아간다.

젊은 날의 나는 항로를 그리는 손에만 집중했지만, 이제는 그 항로를 지우고 다시 그릴 수 있는 마음이 나를 이끈다. 어쩌면 진짜 항해란, 계획보다 변화에 익숙해지는 과정인지도 모른다.

인생의 폭풍도 마찬가지다. 아프면 아픈 대로, 두려우면 두려운 대로 받아들이는 것이다. 감정을 억누르기보다 마주하는 용기, 그것이 진짜 항해의 시작이다. 그다음은 무게를 덜어내는 일이다. 풍랑 속에서는 배가 가벼워야 살아남는다. 집착과 자책, 과거의 후회 같은 마음의 짐을 하나씩 바다에 던져야 한다. 그 무게를 놓아야 비로소 숨이 쉬어진다. 손을 놓아야 비로소 다른 것을 잡을 수 있다는 단순한 진실. 풍랑은 그것을 가르친다.

그러나 이제는 안다. 표류도 항해의 한 방식이라는 것을. 우연처럼 보였던 바람들은 때때로 나를 꼭 필요한 곳으로 데려다주었고, 의도치 않았던 만남이 삶을 바꿔 놓았다. 삶은 반드시 커다란 목표를 향해 질주해야만 하는 게 아니었다. 오히려 가장 아름다웠던 순간들은 방향을 잃었을 때, 물결 위에 몸을 맡겼을 때 찾아왔다.

돛단배는 작고 불안정하지만, 바로 그 때문에 더 진하게 느낄 수 있는 감정들이 있다. 흔들리기에 바람을 기억하고, 멈추기에 고요를 품는다. 부서질 듯 아슬아슬하게 떠 있는 그 모습이, 오히려 더 단단한 용기를 품고 있다. 그것은 더 이상 흔들리지 않는 나, 더 이상 방황하지 않는 내가 되었다는 뜻이다. 불안으로부터 자유로워지고, 고독 속에서 의미를 발견하며, 더 많은 이들과 함께 항해할 수 있게 된 삶. 나는, 그 풍랑 속에서 만들어졌다. 그리고 그 기억은 앞으로 또 다른 바다를 만났을 때, 나의 돛이 되어줄 것이다.

바람을 다투지 않고, 다만 바람을 읽을 줄 아는 삶. 앞서 나가려 하기보다, 흐름을 이해하는 지혜가 생겼다.

이제는 어딘가 도달하지 않아도 괜찮다. 파도가 잠시 내 배를 돌려세워도 괜찮다. 인생은 결국, 완주보다 항해 그 자체가 더 빛나는 여정이기에. 나는 오늘도 바다 위에 나를 띄운다.

다시, 한국의 봄을 기대하며

A형 독감으로 며칠째 고생하고 있는 아들이 입맛을 잃었다. 평소 무엇이든 맛있게 먹었던 모든 음식을 거부한 채 잣죽 몇 숟갈로 대신하고 있다.

입맛을 돋우기 위해 과일을 사러 갔다. 모든 과일이 천정부지로 폭등했다. 배 한 개에 8,500원, 딸기 16알에 15,000원, 사과 4개에 16,000원이었다. 움츠렸던 마음이 더 쪼그라들면서 얼마를 벌어야 돈 걱정하지 않고 살 수 있을까 하는 마음에 씁쓸해졌다.

경기 위축은 서민은 물론 중산층까지 직격탄을 맞고 있다. 한국의 내수는 급전직하로 추락하며 그 흐름은 이미 가속도가 붙는 양상이다. 이미 벌어진 사태는 돌이키려 해도 기업 파산율은 날로 증가하고 있다. 거리를 거닐다 보면 빈 점포마다 임대 광고가 나날이 늘어가고 있다. 문을 닫은 그 많은 자영업자는 지금 어디서 무엇을 하고 있을는지 궁금해져 온다. 빈 점포가 늘어나니 임대를 목적으로 하는 건축업자들이 신축 상가를 지을 생각조차 못하는 건 당연하다.

요즘, 원화 가치가 하락하며 환율은 폭등하고 있다. 물가는 폭등하여 고통지수가 치솟고 있으니, 소비심리는 더욱 위축되고 경제는 악순환이 될 수밖에 없다.

나는 중소기업 건설회사에 근무하고 있다. 우리 회사는 지방을 오가며 수많은 현장을 일으켜 세웠다. 자회사와 협력업체, 수십 년을 함께 해온 설계사무소가 든든한 동반자였다. 그런데 이제 그들의 사무실엔 전화벨조차 울리지 않는다. 나와 오랫동안 호흡을 맞춰온 한 건축설계 사무소는 1년이 넘도록 제대로 된 프로젝트를 받지 못했다. 더 이상 도면을 그리지도, 허가받는 일도 없다. 사실상 멈춰 섰다.

문제는 우리가 먼저 멈췄다는 데 있다. 과거에는 발주가 들어오면 자회사가 공정을 준비했고, 협력사들이 자연스럽게 일을 받았다. 그런데 지금은 발주 자체가 없다. 도급을 받을 사업이 줄어들었고, PF 대출은 바늘구멍만큼도 나오지 않는다. 금융권이 자금을 잠그자 사업은 기획 단계에서 멈췄고 현장은 고요해졌다. 한두 개가 아니라 거의 전 현장이 그랬다.

자회사는 수주 실적이 없고, 설계사무소는 새 프로젝트 도면을 그릴 기회가 없다. 지역 내 전기, 설비, 마감 업체들도 줄줄이 경영난에 시달린다. 멈춘 건 우리만이 아니었다. 건설을 둘러싼 생태계 전체가 함께 멈춘 것이다.

우리는 오랫동안 이런 악순환을 경험한 적이 없다. 분양가 상한제, 원자잿값 급등, 고금리, 인허가 지연, PF 회수 등 어느 하나만으로도 사업 추진이 어려운데, 지금은 모든 악재가 한꺼번에 덮쳤다. 특히 우리와 같은 지역 소도시 현장은 더 심각하다. 미분양 리스크 때문에 사업 자체가 성사되지 못하고, 이미 투자된 부지는 그저 땅값만 갉아먹고 있다.

현장소장은 매일 출근하는데 관리할 공정이 없다. 공사팀은 인력을 줄이기 시작했고, 협력사들은 폐업하거나 전업을 고민한다. 지난해 폐업한 건설회사가 도내 30개 업체이고, 실적 신고를 하지 못한 건설회사가 30여 곳이다. 건설 경기는 단순한 업황이 아니다. 사람의 일이고 생계다. 지금 이 멈춤은 그저 잠시의 쉼이 아니라, 산업 생태계 전체를 흔드는 균열이다.

나는 매일 아침 출근하면서 신규 계약을 기다리고 있다. 누군가는 "시간이 지나면 나아질 것"이라 말하지만 지금, 이 악순환은 누군가 먼저 끊어주기 전에는 끝나지 않는다.

건설은 도시의 몸을 만들고, 그 위에 삶이 깃든다. 하지만 지금 그 몸이 자라지 못하고 있다. 멈춰 선 우리 산업, 이 정적을 하루빨리 깨워야 한다.

엎친 데 덮친 격으로 지난해 말 윤석열 대통령의 계엄선포는 온 나라를 더욱 분열시켰다. 그날 밤, 전두환 정권의 악몽을 떠올리며 밤잠을 설쳐야만 했다. 다행히 윤 대통령은 4일 새벽 계엄령 해제를 발표했다.

래리 다이아몬드 스탠퍼드대 교수는 지난해 비상계엄과 탄핵 절차를 통해 "한국의 민주주의는 일종의 '뇌졸중'을 겪었다. 이제 차차 회복하겠지만 건강한 민주주의를 지키기 위한 근본적인 체질 개선 방안을 고민해야 할 것이다."라고 했다. 그는 정치적 혼란을 갑작스레 뇌졸중이 온 상황에 빗대었다. 뇌졸중은 후유증으로 다양한 신체적 장애가 발생하듯 나라의 후유증은 얼마나 지속될는지 걱정이 앞선다.

민주주의가 위기에 처할 때마다 이를 지켜낸 것은 국민, 평범한 시민들이었다.

한국은 기적의 나라다.

세계가 의심했던 속도로 산업화를 이뤘고, 독재를 넘어서 민주주의로 나아갔다. 우리는 짧은 시간 안에 압축된 성장을 이루며, 세계 역사에 드문 전환을 해낸 나라로 기억된다. 하지만 지금, 그 기적의 그림자 아래에 균열이 보인다. 정치는 상생이 아니라 대립의 언어를 고집하고 있고, 지역 간의 갈등은 선거 때마다 되살아난다. 서울과 지방은 서로 다른 시간에 사는 것 같다. 한쪽은 인구 과밀과 집값에 시달리고, 다른 한쪽은 소멸을 걱정한다. 대학이 사라지고, 병원이 떠나며, 지방의 청년들은 떠날 곳을 먼저 고민한다. 양극화는 이념의 문제가 아니라, 삶의 조건이 되어버렸다.

경제 또한 고비를 맞고 있다.

지금 우리는 '건설 경기'의 추락을 눈으로 보고 있다. 동시에 제조업도 예전의 위력을 잃고 있다. 반도체, 자동차, 가전이 우리 산업의 대표주자들이 더 이상 '양'으로 대결할 수 없는 시대가 왔다. 이제 우리는 질적 전환을 말하지 않으면 안 된다.

AI, 바이오, 친환경 에너지, 모빌리티 혁신이 앞으로 우리가 걸어야 할 방향이다. 다행히, 변화는 이미 시작되고 있다.

삼성전자는 AI 반도체와 차세대 공정 경쟁에서 다시 세계 선두로 나서기 위해 칼을 갈고 있다. LG는 가전을 넘어 배터리와 친환경 에너지에 공격적인 투자를 하고 있으며, 현대자동차는 전기차와 도심항공모빌리티로 새로운 모빌리티 시장에서 존재감을 넓혀가고 있다. SK하이닉스는 고대역 메모리 HBM을 엔비디아와 손잡고 날개를 달았다. SK는 AI 거물인 엔비디아에 HBM을 사실상 독점 납품하면서 지난해 최대 실적을 냈다.

이렇듯 훨훨 날 것만 같았던 엔비디아는 새해 들어 중국의 AI 딥시크에 밀려나야만 했다. 하루가 멀다고 개발되고 있는 산업 경쟁에서 살아남으려면 단 일분일초도 소홀히 넘길 수 없는 세상이 되었다. 그러나 우리나라는 주 52시간으로 정해놓은 근로기준법은 발목을 잡고 있다. 한국의 전통적인 주력 산업인 반도체와 자동차 분야에서도 경쟁국들이 빠르게 추격하고 있다.

우리는 분명 어려운 시절에 있다. 이 위기를 전환의 기회로 삼는다면 또 한 번의 기적은 가능하다. 단 이번엔 협력과 포용, 공정한 성장이라는 토대 위에서 이뤄져야 한다.

한국은 다시 전환의 문 앞에 서 있다. 어서, 이 길고 긴 겨울의 터널을 벗어나 다시, 봄이 찾아오길 염원한다.

성적표

한 장 남은 달력을 바라보며, 나는 올 한 해를 되돌아본다. 과연 이 일 년은 우수했는지 아니면 우스웠는지, 내 성적표가 나를 그대로 보여준다. 지난해와 똑같은 환경, 똑같은 시간이었지만, 올 일 년은 겨우 낙제를 면한 성적이었다.

대학 1학년, 청운의 꿈을 품고 새출발을 알렸다. 자유롭고 반짝이던 나날들, 이상과 낭만으로만 가득했던 나는 세상이 활짝 열릴 로만 알았다. 그런데 첫 성적표는 그런 기대를 무너뜨렸다. 시들시들한 C와 D로 채워진 성적표가 충격이었고, 그 앞에서 나는 한없이 작아졌다. 그때를 떠올리면 지금도 마음 한구석이 저릿하다.

대학 생활은 어느새 설렘이 아닌 두려움으로 변했고, 나는 내 가슴에 무거운 짐을 얹은 채 하루하루를 버텨야 했다. 처음엔 그 무게에 눌려 나 자신을 돌볼 여유조차 없었다. 실망과 자책 속에서 길을 잃은 듯 헤맸고, 그렇게 나는 조금씩 무너져갔다.

그런데 그때를 뒤돌아보면 완전히 어둡기만 했던 건 아니었다. 분명 그 속에도 여백은 있었다. 강의가 끝난 늦은 오후의 햇살, 조용한 도서관의 창가 자리, 아무 말 없이 옆에 있어 준 친구의 존재…. 그 작은 틈 사이로 나는 숨을 돌릴 수 있었고, 마음 깊은 곳 어딘가에선 다시 일어나고 싶은 마음이 조금씩 자라고 있었다. 그 여백 덕분에 나를 다시 들여다볼 수 있었고, 서툴지만 내 걸음으로 앞으로 나아갈 수 있었다. 지금의 나는, 그 시간을 지나오며 단단해진 나 자신을 조금은 믿게 되었다.

그 시절은 낮은 성적표는 실패가 아닌, 내가 진짜 나를 만나기 시작한 첫 장이었다.

청춘의 시간표는 내 삶의 방향을 내가 정하고, 내 시간을 스스로 계획했다. 어떤 삶을 살고 싶은지, 무엇을 더 알고 싶은지, 누구와 시간을 보내고 싶은지를 스스로 묻고 답해가며 나만의 방향을 찾아갔다. 그렇게 하루하루를 쌓아가며 나는 조금씩 자라났고, 여전히 그 시간표 위를 걸었다.

그런데 결혼하고 남편이 생기고 아이들이 생기면서 내 삶은 '우리의 삶'이 되어버렸다. 나는 내 시간표를 잃었고, 삶의 속도와 방향이 내 마음대로 되지 않았다. 그때부터 나는 이인삼각처럼 서로 얽힌 삶을 살아가기 시작했다. 큰 강을 건너는 것처럼, 내 삶은 항상 변화무쌍했다. 하지만 큰 배에 타기 전에, 냉혹하게 삶을 지휘하는 마법사를 잘 다스려야 했다. 그 배가 내게 무엇을 요구할지 모르는 상황 속에서 나는 끊임없이 긴장하며 나아갔다.

마흔의 나이는 누구보다 치열한 나이였다. 누구보다 최선을 다하고, 그것마저 부족함을 느꼈다. 나는 지독한 상실의 고통 속에서 혼자 애쓰느라 배가 뱅뱅 돌고, 노를 빠뜨리기도 했으며, 때로는 배가 뒤집히기도 했다. 나를 보호해 줄 방패 없이, 나는 내 힘만으로 다시 서야 했다. 그런데도 몇 년간 흘려보낸 회색빛 시간은 나 자신을 잃어버리게 했다. 엄마로서 좋은 성적을 받을 수 있었지만, '나'라는 삶은 제일 낮은 점수를 받았다. 중년은 이렇게 차가운 얼음장 밑으로 흐르는 물처럼 소리 없이 흘러갔다.

마흔 후반 어느날, 『마흔 수업』이라는 책을 만났다. 저자 김미경은 '사십 대라는 나이가 인생의 성적표가 아니다.'라고 했다. 그의 생각에 나는 깊이 공감했다. 다행히도 나는 너무 늦지 않게 나 자신을 다시 볼 수 있게 되었다. 그동안 내가 보지 못했던 '나'를 새롭게 발견할 수 있었다. 결국, 내가 나를 온전히 받아들이고, 변화할 수 있게 된 것이다. 슬픔을 마주하고 그 속에서 나아갈 길을 찾을 수 있었다.

쉰이 넘어서면서 나는 비로소 내 인생 전체를 조망할 수 있게도 되었다. 그동안의 고통과 상처는 냉혹하고 가슴 저미는 처연함으로 다가왔지만, 그 모든 시간이 쌓여 있었기에 그것을 받아들일 수 있었다. 절대적인 시간이었기에, 그동안 얻은 통찰과 지혜는 단기간에 얻을 수 있는 것이 아니었다.

결혼도, 누구의 삶도, 그 어떤 것도 '전형적'일 수 없다. 전형적인 것을 찾으려 한다면, 사실 누구나 늘 행복하지도, 늘 불행하지도 않다는 사실이 그나마 전형적일 것이다. 그렇다면, 나는 이제 예순을 넘기며, '예순 수업'을 맞이하려 한다. 그 나이에 나는 과연 어떤 성적표를 받을 수 있을까? 대학 시절에 받았던 시들시들한 성적표보다는 나아졌을까, 아니면 여전히 F 학점을 받을 것인지 궁금해진다.

성적표는 결국 결과물이다. 타인이 평가하는 성적은 가점(假點)이 섞여 있어 온전한 점수가 될 수 없다. 우리는 모두 자기 성적을 잘 알고 있지만, 그 성적을 다른 사람에게 내밀기엔 항상 어려움이 따른다. 나는 항상 만족스러운 성적을 받을 수 없었고, 그 점에서 다시 출발선에 섰다. 하지만, 이번에는 다르게 생각하려 한다. '예순 수업'이 우스웠더라도, 나는 마지막 기회인 '기억 수업'에서는 좋은 성적을 낼 수 있기를 바란다. 누구도 묻지 않는 성적표일지라도, 나는 이 세상에 왔다가 돌아갈 때, 그래도 조금은 기억되는 사람으로 남고 싶다.

이제, 오롯이 나에게 집중할 시간만이 남았다. 남은 삶에서 벗어나 함께 걸어갈 이들과 마음을 나누고, 그들과 함께 기억되기를 바란다.

내게 중요한 건, 더는 인생을 재시험처럼 살지 않는 것이다. 삶을 다시 시작하는 이 순간, 그 어떤 성적표도 오직 나 자신에게만 의미가 있을 뿐이다. 그래서 오늘부터, 나에게 가장 좋은 점수를 주기 위해 천천히, 그러나 단단히 걸어가기로 마음먹었다.

내가 남기게 될 성적표가 무엇일지는 아직 모르겠다. 하지만 그 성적표가 나를 온전히 설명할 수는 없다는 것만은 분명히 안다. 나는 내 삶을 스스로 의미 있게 만들어갈 것이다. 그리고 마지막 순간, 내가 어떤 사람으로 기억될지는 결국 내가 어떻게 살아가느냐에 달려 있다.

그래서 나는 오늘도 새로운 계획을 세운다. 그 계획은 '나'에게로 향하는 길 위에 서는 것이다.

나와 함께 걸어가는 사람들과 나눔을 통해, 함께 기억되고 싶다.

그리고 언젠가 마주할 내 인생의 마지막 성적표는, 내가 어떤 사람으로 살아왔는지를 조용히 말해줄 것이다.

4

존재의 그림자

홍운탁월(烘雲托月)

여름이면 까치내로 저녁노을이 들고난다. 하루의 고단함을 덜고 싶은 날엔 정북 토성 언덕 위에 올라가 낭자한 유혈의 노을을 바라본다. 해가 뜨거울수록 저녁 하늘은 더 붉게 물들고, 그 장엄함은 가히 말로 다할 수 없다. 자주 볼 수 있는 장면은 아니기에 이런 날이면 가슴 한구석이 저릿해 온다.

붉은 구름은 언제나 낮의 끝자락에 피어난다. 어둠이 서서히 스며들기 전, 하늘은 잠시 눈부시게 타오른다. 마치 모든 것을 다 태울 듯이 화려하다.

어둠이 노을을 삼키면 아직 끝나지 않은 공연처럼, 구름이 그려놓은 중앙에 달이 드러난다. 구름이 달 주변을 채색하기 시작하면, 달은 그 자체로 빛나는 것이 아니라, 구름 사이에서 은근하게 드러난다. 이것이 바로 '홍운탁월(烘雲托月)'이다. 짙게 채색된 구름이 달을 돋보이게 하고, 여백으로 남겨진 어둠 속에서 달은 더욱 빛난다.

그림 속에서도 이 기법이 등장한다. 신윤복의 「월하정인」, 김두

량의 「월야산수도」, 이경윤의 「고사관월도」는 모두 구름으로 주변을 어둡게 처리하여 여백을 통해 달을 드러낸다. 반면 서양에서는 달을 직접 묘사하며, 광원으로서 기능과 사실적인 디테일에 집중한다. 반 고흐의 「별이 빛나는 밤」은 격렬하고 감정적인 달빛을 보여주며, 앙리 루소의 달은 간결한 선으로 표현된다. 동양의 달이 감정과 평온을 스며들게 한다면, 서양의 달은 강렬한 감정과 존재감을 드러낸다.

사람은 누구나 마음속에 하나의 구름을 품고 산다. 그 구름은 붉을 수도, 푸를 수도, 먹구름일 수도 있다. 시시때때로 변화하는 구름은 내면의 불확실성과 성장의 과정을 상징한다.

나에게는 늘 '홍운'이라는 구름이 머물러 있다.

가장 먼저 떠오르는 구름 같은 존재는 가족이다. 가족은 내 삶에서 가장 가까운 곳에 있는 구름이다. 그 구름은 내 마음을 때로는 따뜻하게, 때로는 무겁게 만든다. 부모님은 언제나 나에게 중요한 결정 앞에서 충고를 해주신다. 부모의 말은 내게 큰 영향을 미친다. 때로는 그 말이 너무 무겁게 느껴져서 부담스럽기도 하지만, 결국 그 말들이 내 삶을 올바른 방향으로 이끌어준다. 부모님의 기대와 사랑은 언제나 붉은 구름처럼 뜨겁고 강하게 다가온다. 때로는 나를 흔들게 하지만, 그로 인해 나는 더 단단해진다. 부모라는 구름은 내 삶의 중심에서 나를 비추는 중요한 존재임을 늘 느낀다.

그다음으로 떠오르는 구름은 자녀가 아닌가 한다. 자녀는 내 삶의 다양한 색깔을 만들어주는 존재들이다. 함께 웃고, 함께 즐기는 순간들을 만들어주며, 내 마음속의 먹구름을 씻어낸다. 성장 속에서 마음이 무겁고 혼란스러울 때도 있지만, 결국 그 구름을 지나면 더욱 애틋해지고, 사랑은 더 깊어진다. 자녀는 내게 긍정적인 영향을 주는 구름 같은 존재들이다.

또 다른 구름은 일과 도전이다. 일이 잘 풀리지 않거나 실패와 좌절의 구름이 내 머리 위에 짙게 드리워질 때, 나 자신을 돌아보게 된다. 그 구름은 나에게 더 나은 방법을 찾아가도록 자극을 주며, 결국 나를 성장시킨다.

이렇게, 내 주변에는 여러 가지 구름이 존재한다.

이제 나는 안다. 구름은 단순한 자연 현상이 아니라, 삶을 물들이는 색채이며, 서로를 비춰준다. 그러한 붉은 구름이 있었기에 나는 다시 빛날 수 있었고, 그 빛이 또 다른 이들에게 닿는다.

그런데도 가끔 불안하거나 흔들릴 때면 하늘을 본다. '나는 왜 이렇게 불안한 걸까?' '이 길이 진정 내가 원하는 길일까?' 이런 질문의 답은 매번 다르지만, 한 가지 분명한 건 그 질문을 던지는 나 자신이 변화하고 있다는 사실이다.

'홍운탁월'은 단지 '탁월함'을 의미하는 것이 아니다. 그 탁월함을 만들어내는 과정, 서로를 비춰주고 완성하는 관계이다. 누군가를 빛나게 할 수 있는 존재이고, 또 누군가 덕분에 빛날 수 있는 존재다.

홍운은 채색이고, 탁월은 여백이다. 여백이 있어 색이 드러나고,

색이 있어 여백이 완성된다. 밤하늘의 구름을 짙게 칠할수록 달은 더욱 밝게 빛난다. 그런 존재가 되기를, 나는 오늘도 조용히 하늘을 올려다본다.

이끼처럼, 조용히 머무는 삶

얼마 전, 지인에게 구피 두 쌍을 분양받았다. 작은 어항을 하나 마련하고 틈만 나면 물속을 들여다보며 구피가 번식하기만을 기다렸다.

어느 날, 좁쌀만 한 치어 여러 마리가 물속을 헤엄치는 모습이 눈에 들어왔다. 작은 생명체의 탄생은 신기했고, 집안 가득 생기가 도는 것 같아 기분이 좋았다. 하지만 기쁨은 오래가지 않았다. 며칠 지나지 않아 치어들은 거의 보이지 않았는데 어미 물고기가 자기 새끼를 잡아먹었기 때문이었다.

치어를 보호해야겠다는 마음에 급히 어항에 이끼와 수초를 듬뿍 넣었다. 비로소 치어들은 이끼와 수초 사이를 누비며 살아남을 수 있었다. 작은 생명체도 살아남기 위해 얼마나 절실한지를 깨달았다.

지금은 구피가 삼십여 마리에 이르러, 어느덧 대가족이 되었다. 퇴근 후 어항 앞에 앉아 물고기들의 유영을 바라보는 시간이 하루 중 가장 평화롭다. 아무 생각 없이 물을 바라보며 '물멍'을 때리는 시간, 화려한 꼬리를 흔들며 헤엄치는 구피를 보고 있노라면 잡생각도, 복잡한 고민도 사라진다.

물속의 이끼를 바라보다 문득 영화 「이끼」가 떠올랐다. 오랜 세월 의절했던 아버지의 부고 소식에 한 남자가 시골 마을을 찾으며 벌어지는 미스터리한 이야기로 시작된다. 영화는 특유의 음습한 분위기 속에서 겉보기에는 평화롭지만, 그 속에 썩어가는 비밀을 품은 마을 사람들의 침묵과 적대감을 그리고 있었다. 누군가에 의해 조율된 듯한 그 마을 사람들의 표정 없는 얼굴, 속삭이는 듯한 침묵 속에 이끼처럼 들러붙는 생존의 방식이 내게 강한 인상을 남겼다.

그동안 내가 보아온 이끼는 늘 음습하고 더러운 곳에 있었다. 빗물받이, 보도블록의 틈새, 배수구 같은 곳. 내겐 작고, 미끄럽고, 하찮다는 인식이다. 그런데 구피의 어항에서 이끼는 생명을 보호하고 품는 역할을 했다.

얼마 전, 강원도 평창 장전계곡에서 만난 이끼는 내게 완전히 다른 감정을 안겨주었다. 폭포수가 떨어지는 가파른 바위 위, 초록빛 융단처럼 덮인 이끼는 신비롭고 장엄했다. 빛나는 꽃도 아니고, 우람한 나무처럼 존재감을 드러내지도 않지만, 이끼는 그곳에 조용히, 끈질기게 존재하고 있었다. 태고의 숨결이 들리는 듯한 그곳의 이끼에서 나는 생채기 난 마음이 치유되는 듯한 위로를 받았다. 바위틈에 자리 잡은 이끼는 마치 오랜 시간의 인내를 품은 채 그 자리를 지키고 있는 듯했다.

이끼의 생장은 놀라울 정도로 섬세하다. 흙이나 뿌리 없이도 자라면서 오직 공기와 습기만으로 생을 이어간다. 조건이 맞으면 이끼 포자는 발아해 가지가 있는 원사체로 자라고, 가지는 또 갈라지며 녹색의 매트를 만들어낸다. 나무나 바위를 감싸는 이끼는 '어머니가 자식을 감싼다'라는 의미로 모성애를 상징하기도 한다.

이끼의 성장을 들여다보다 보면, 내 삶이 오버랩된다. 청춘의 시기를 지나 가정을 꾸리고 나서야 비로소 내 삶의 기반이 조금씩 자리 잡기 시작했다. 절망이 홍수처럼 밀려와도 나는 견디고, 순응하고, 기다렸다. 내가 자라는 곳은 언제나 그늘이었지만, 그 안에서 내 색을 띠고 조용히 성장해 왔다. 누군가의 발에 밟혀도 말없이 다시 일어나는, 바로 그런 이끼 같은 삶이었다.

지금 나는 누군가의 상처를 부드럽게 감싸는 사람이 되고 싶다. 무거운 짐을 들어주진 못하더라도, 슬플 때 조용히 커피 한 잔을 건네고, 지칠 때 말없이 곁에 있어 줄 수 있는 사람. 말없이도 마음을 어루만지는 그런 존재가 되고 싶다. 세상을 다 덮으려 하지 않고 상처 난 곳만을 덮어주는 작은 손길. 이끼처럼, 조용하지만 따뜻한 존재.

이끼는 자신의 환경에 따라 자라고 변화하며, 그 속에서 자신의 모습을 다듬는다. 유연하게 적응하며 점진적으로 성장하는 모습은 우리가 삶에서 맞닥뜨리는 변화와 크게 다르지 않다. 삶의 굴곡 속에서도 인내하며 자신만의 속도로 살아가는 것, 그것이 이끼가 가르쳐주는 삶의 방식이다.

  나는 이제 이끼를 다르게 본다. 가장 낮은 곳에서 소리 없이 퍼지며 자신을 주장하지 않는 이 생명체는, 작고 부드럽지만 절대 가볍지 않다. 그 속엔 깊은 인내와 따뜻한 품이 있다. 우리도 그렇게 살아갈 수 있다면 조금 덜 외롭고 조금 더 따뜻한 세상을 만들 수 있지 않을까.

운칠기삼, 그 운명과 실력 사이에서

살다 보면 내가 아무리 노력해도 뜻대로 되지 않는 순간들이 있다. 준비에 세심한 부분까지 철저하게 최선을 다했는데도 결과는 엉뚱한 방향으로 흘러가 버릴 때가 있지 않던가. 그럴 때면 나는 문득 떠오르는 말이 있다. 운칠기삼(運七技三), 일곱은 운이고, 셋은 실력이라는.

회계 업무를 맡고 있던 건설회사에서 공공 입찰 업무까지 담당하게 된 지 석 달째 되던 무렵이었다. 공공 입찰은 공사의 도급을 위해 참가자들이 온라인으로 각자의 낙찰가를 제출하고, 가장 근사치 값을 낸 회사가 낙찰받는 방식이다. 그런데 이 입찰 경쟁이 대단하여 하나의 공사에 수백 개 업체가 참가한다. 아무리 실력과 분석이 뒷받침되어도 운이 따라주지 않으면 낙찰은 요원하다. 그래서 공공 입찰을 '운찰'이라 부르기도 한다.

심지어 일부 업체는 입찰 담당자를 선정할 때 무속인의 조언을 듣기도 한다. 낙찰에 성공하려면 '손 덕'이 있어야 한다는 믿음 때문이다. 나 역시 과거 회사에서 입찰 업무를 맡게 되었을 때, 대표에게 왜 저를 선택하셨냐고 물은 적이 있다. 돌아온 대답은 "복 있는 얼굴이라서." 그 말이 농담 같으면서도 마음 한편에 깊이 박혔다. 그리고 정말로, 나는 1년 동안 7건의 낙찰을 성공시켰다.

경험을 되살려 입찰을 담당한 나는, 건설 경기 침체가 계속되면서 중소 건설업체들이 점점 더 큰 시련에 직면하는 현실을 마주했다. 입찰 경쟁은 갈수록 치열해졌고, 매일 아침 출근하자마자 새로운 입찰 공고를 확인하는 것으로 하루가 시작되었다. 그때마다 느껴지는 숨 막히는 긴장감, 한 치의 실수도 허용되지 않는 압박감 속에서 나는 또다시 경쟁의 한가운데로 뛰어들어야 했다.

어느 지역, 어떤 공사에, 얼마를 써야 할지. 신중하게 분석하고 계산해 보지만, 정답은 없다. 낙찰은 매번 예측을 벗어난다. 때로는 출근길에 눈에 띈 자동차 번호를 적어 넣기도 한다. 어떤 날은 지나가는 영구차 번호를 쓰기도 한다. 이런 우연에 기댈 정도로 입찰가는 감으로 접근할 수밖에 없는 영역이기도 하다. 실력으로 도달할 수 있는 경계는 분명 존재하지만, 그 너머는 언제나 운의 몫이었다.

운명처럼 다가오는 예측 불가능한 변수들. 입찰가를 정할 때, 이 세상 모든 계산과 분석이 무의미하게 느껴질 때가 있다. 어차피 아무리 정확히 계산해도, 결과는 나도 모른다. 그렇게 매번 접하는 입찰은 단순히 실력만으로는 해결할 수 없는 불확실성의 연대기였다.

그날도 마찬가지였다. 여섯 군데 입찰 공고가 올라왔다. 신중하게 금액을 정하고 입찰을 넣었지만, 발표된 결과는 탈락이었다. 내가 써넣은 금액은 하한선보다 낮거나 순위에서 한참 밀려 있었다. 낙찰의 기쁨은 고사하고, 내 입찰가가 어디쯤 위치했는지도 확인하기 두려웠다.

모든 노력과 계산이 한순간에 무너져 내리는 느낌이었다. 현실은 냉정했다. 상상했던 결과와는 완전히 다른, 무력감을 안겨주는 숫자들만이 화면에 떠 있었다. 몇 번이나 깊은 한숨을 내쉬며 "이번에도 운이 부족했나…" 마음속으로 중얼거리며, 다음 기회에 더 철저히 완벽하게 준비해야겠다고 다짐했다.

그런데 지인의 회사가 낙찰이 되었을 때 축하 인사를 건넬 틈도 없이 마음 한편이 싸늘해졌다. 나도 간절했기에, 더더욱 초라하게 느껴졌기 때문일까. 입찰 업무에 종사하는 사람이라면 누구나 공감하는 감정이다. 누군가는 환호하고, 나머지 수백 개의 회사는 허탈하게 컴퓨터 앞에 다시 앉아야 한다.

그 순간, 그 기쁨을 누린 이들의 표정이 머릿속을 스쳤다. 그들이 품고 있을 희열과 기쁨을, 나는 그저 멀리서 지켜볼 수밖에 없었다. 그리고 나는 다시 모니터 앞에 앉아, 내일의 또다시 경쟁해야 하는 입찰을 생각하며 씁쓸한 미소를 짓곤 했다. 이 반복되는 과정에서 나의 마음도 점차 단단해졌지만 여전히 그 끝자락에서 느껴지는 허전함은 쉽게 사라지지 않았다.

어느 날, 기적 같은 일이 벌어졌다. 늦게 발표된 한 공사에서, 내가 써넣은 금액이 1순위로 낙찰된 것이다. 그것도 수십억 원 규모의 공사였다. 그 순간 사무실 분위기가 달라졌다. 축하 전화가 오고, 하도급 회사에서 화분이 배달되었다. 마치도 큰 전쟁에서 승리한 기분이었다. 입찰을 맡은 지 석 달 만에, 나에게도 행운의 여신이 미소를 보내준 것이었다.

그 기쁨은 말로 표현할 수 없을 만큼 컸다. 그동안의 노력과 눈물, 그 모든 치열한 경쟁 속에서 쌓인 스트레스가 확 풀리는 느낌이었다. 동료들의 뜨거운 축하와 함께 그들에게서 느껴지는 존경의 눈빛, 그동안의 모든 마음고생이 한순간에 보상받은 듯한 기분을 느꼈다.

그런데 그 기쁨도 잠시, 현실은 여전히 빠르게 돌아가고, 새로운 입찰이 기다리고 있었다. 그런데도 그 순간만큼은 내가 그토록 원했던 성취를 손에 쥔 것 같았다. 이제는 그 전보다 더 큰 책임감과 각오로 다음 단계로 나아갈 준비를 해야 했다.

그제야 '운칠기삼'이라는 말이 다시 마음속에 떠올랐다. 예전엔 이 말을 '노력해도 소용없다'라는 식으로 받아들였지만, 이제는 다르게 느껴진다. 이 말은 "최선을 다하되, 결과에 집착하지 말라"는 깊은 뜻을 품고 있었다. 변수를 다 예측할 수 없는 세상에서, 내가 할 수 있는 건 철저한 준비뿐. 그 이후의 결과는 어느 정도 운에 맡기는 수밖에 없다.

내가 제어할 수 있는 건 내 준비와 노력뿐이라는 사실을 인정하자, 오히려 마음이 편안해졌다. 그렇게 받아들이니, 예전처럼 결과에 대한 집착이 덜해졌고, 그저 한 걸음씩 나가는 것이 중요하다는 것을 깨닫게 되었다. 이제는 내가 할 수 있는 최선을 다하고 그 결과가 어떻게 나오든 받아들이는 여유를 갖게 된 것이다. 결국, 운이란 노력 뒤에 따라오는 부수적일 뿐, 나에게 준 역할은 오직 최선을 다하는 것임을 다시 한번 마음에 새기게 되었다.

사람들은 가끔 이렇게 묻는다. "왜 어떤 사람은 잘나가고, 어떤 사람은 그렇지 않을까?" 비슷한 능력과 조건을 갖추고도 결과는 천차만별이다. 그 차이를 만드는 건 바로 '운'이다.

그런데 '운 좋은 사람'들을 유심히 관찰해 보라. 그들이 단지 운에만 의존하는 것이 아님을 알 수 있다. 그들에게는 독특한 시선과 사고방식, 감정의 흐름과 행동의 규칙이 있다. 동양학자 조용헌은 '운을 받으려면 영지(靈地)를 찾아가 보라.'고 말했다. 영지는 특별한 기운이 깃든 장소로, 자연의 에너지를 통해 마음과 몸을 정화할 수 있다고 한다. 실제로 자연의 기(氣)를 받으면 생각이 맑아지고, 판단도 선명해진다. 그래서인지 회사 대표나 입찰 담당자는 영험한 사찰이나 산을 오르기도 한다.

그러고 보면 우리가 생각하는 '운'이 단순히 우연이나 행운에 의존하는 것이 아니라 어떤 특정한 에너지나 공간에서 조화를 이루고, 그 에너지를 흡수한 사람들의 사고와 행동이 그 자체로 운을 끌어당

긴다는 느낌이다. 사람들은 종종 그저 열심히 일하는 것만으로는 부족하다고 생각할 때가 많지만, 운이 좋은 사람들은 그 외에도 자신만의 방식을 통해 긍정적인 에너지를 끌어들이고 있다는 것이다.

운이란, 준비와 기회를 맞이할 수 있는 상태에서 어느 정도의 외부적 영향을 받는 요소일지도 모른다. 그런 에너지의 흐름에 자신을 맞추는 것이, 결국 더 큰 기회를 잡는 데 중요한 역할을 할 수 있다.

메이저리그의 오타니 쇼헤이 선수는 운을 끌어당기는 자신만의 루틴으로 '쓰레기 줍기'를 꼽는다. 길을 걷다가 보이는 쓰레기를 줍는 것이 그의 일종의 카르마이자 습관이다. 그는 시험이나 중요한 경기를 앞두고 일부러 더 많이 쓰레기를 줍는다. 남이 흘린 행운을 줍는다는 의미도 있고, 선한 행동 자체가 운을 끌어온다고 믿기 때문일 것이다.

운이란, 꽁꽁 움켜쥐고 있을 때보다 남과 나눌 때 더 커지는 것 아닐까. 그것은 단순히 우연한 기회나 행운의 연속이 아니라, 나의 태도와 행동이 세상과 맺는 관계에서 비롯된 결과일지도 모른다. 오타니의 작은 실천은 그저 미신이나 습관에 그치지 않는다. 그는 세상과 긍정적인 파장을 주고받는 법을 알고 있었고, 그것이 곧 운을 부르는 루틴이 되었다.

우리도 일상에서 얼마든지 '운을 부르는 태도'를 실천할 수 있다. 좋은 마음을 품고, 좋은 행동을 반복하고, 좋은 환경을 찾아다니는 것. 그 모든 것들이 결국에 나에게 돌아오는 기회를 만들고, 눈에 보이지 않는 흐름을 바꾸는 힘이 된다. 운은 어쩌면, 그렇게 만들어지는 것인지도 모른다.

삶에서 기회를 만난다는 것 자체가 하나의 '운'이다. 내가 서야 할 무대가 생기는 것도, 귀 기울여줄 사람이 나타나는 것도, 결국은 내 힘으로 만들 수 없는 우연의 영역에 가깝다. 실력은 단지 그 무대를 만났을 때 빛을 발할 수 있는 준비일 뿐이다.

그래서 '운칠기삼'이라는 말에는 묵직한 깨달음이 담겨 있다. 운을 탓하지도 말고, 실력을 과신하지도 말 것. 그저 나에게 주어진 몫의 '셋'을 묵묵히 해내다 보면, 언젠가 그 '일곱'이 나를 향해 걸어올 것이다.

Last Concert

가을비가 주룩주룩 내리던 날, 나훈아의 마지막 콘서트 티켓을 손에 들고 공연장으로 향했다. '2024 고마웠습니다'. 청주 석우체육관에 걸린 플래카드가 비바람에 나부끼고 있었다. 가황 나훈아는 데뷔 58년 만에 공식적으로 은퇴를 선언했고, 그와의 마지막 만남이라는 생각에 공연 전부터 마음이 허전했다. 마치 비마저 그와의 이별을 더 깊이 새기는 듯했다.

공연은 그의 일대기를 그린 영상으로 시작됐다. 1967년, 가수로 데뷔한 시점에서 출발한 기차는 그의 활동 시기와 공백기를 지나, 2024년 종착지에 도달했다. 「고향역」을 부르며 무대에 선 나훈아는 단숨에 분위기를 휘어잡았다. 나이는 일흔일곱, 그러나 몸짓은 여전히 힘찼고, 눈빛은 정념으로 가득하여 있었다. 때로는 무대 위 가림막 뒤로 실루엣을 드러내며 쇼맨십을 보여주었고, 「18세 순이」에서는 분홍색 시스루 상의와 검은 치마 차림으로 등장해 객석을 깜짝 놀라게 했다. 그는 30여 곡을 부르며 무대를 넘나들었다.

39세의 영상 속 나훈아와 77세의 현재 나훈아가 함께 부른 「물레방아 도는데」는 영상과 현실이 교차하며 시간과 세대를 넘는 감동을 선사했다.

그의 노래 「공」을 들을 때는 오히려 '비움'이라는 것이 삶의 본질에 더 가까운 것이 아닐까 하는 생각이 들게 했다. 그 텅 빈 공간에는 수많은 시간, 상처, 욕망, 체념, 그리고 희망이 스며 있다. 나훈아의 목소리는 낮고 깊게 깔리며, 마치 세월의 결을 그대로 담고 있는 듯하다. 그는 힘주어 외치지 않는다. 그러나 그저 한 마디 툭 던져도, 듣는 이의 가슴에는 잔잔한 울림이 퍼진다. 나훈아는 이 노래를 통해 삶의 깊은 통찰을 전한다. '공'이란 비어 있음이 아니라, 진정한 자유로 가는 길목이라는 사실을. 욕망을 비워내고, 집착을 놓아버릴 때 비로소 우리는 내면의 평화를 얻는다는 메시지를 담고 있다. 그것은 마치 한 폭의 선화(禪畫) 같고, 노승의 한마디 법문처럼 묵직한 울림을 남긴다.

> 살다 보면 알게 돼 일러주지 않아도
> 너나 나나 모두 다 어리석다는 것을
> 살다 보면 알게 돼 알면 웃음이 나지
> 우리 모두 얼마나 바보처럼 사는지

이 노래는 그의 마지막 공연에 너무도 잘 어울렸다. 거기에는 "나는 이만큼 살아왔고, 이제는 비워야 할 시간이다."라는 고백이 담겨 있는 듯했다. 마지막 노래가 어쩌면 이런 식으로 사람의 마음을 울릴 수 있다는 것, 그건 오직 진짜 '살아낸' 사람만이 보여줄 수 있는 장면이었다.

그는 단순한 가수가 아니었다. 무대 위에서 노래하고, 박수를 받는 것으로 존재의 전부를 삼는 이가 아니었다. 오히려 무대 밖에서의 그의 삶은 더 고요하고, 더 깊고, 더 묵직했다.

해마다 백 권이 넘는 책을 읽으며 자신의 사유를 확장해 나갔고, 동양의 고전과 철학, 특히 노자의 무위자연 사상을 오랜 시간 곱씹으며 삶과 예술을 함께 돌아보는 사람, 무대에 오르지 않는 시간은 그에게 사색의 시간이었다. 그러니 그의 노래가 단순히 흥겹거나 슬픈 감정의 표현을 넘어, 한 인간의 통찰처럼 다가왔던 건 어쩌면 당연한 일이었는지도 모른다.

그는 그림 또한 즐겼다. 그것은 말보다 더 솔직하게 내면을 드러낼 수 있는 또 다른 언어였을 것이다. 붓질 하나에도 그의 고요한 감정과 감각이 스며 있었으리라.

그는 단순한 대중가수가 아니었다. 노래로 사람을 읽어내고, 음악으로 삶을 풀어낸 예술가였다. 그리고 언제나 '자기 자신으로' 존재하던 단단한 인간이었다. 나훈아라는 이름은, 무대 위의 우상이 아니라 무대 아래의 깊이에서 더욱 빛났다.

2시간 반 동안 그는 무대를 지배했다. 관객을 웃기고 울리며, 무대라는 삶의 가장 큰 무대 위에서 마지막 이야기를 들려줬다.

그는 "평생 해온 일이 끝났다는 건, 내 속의 혼이 다 빠져나가는 것 같은 기분이다."라며 은퇴 소감을 전했다. 앞으로는 자연인 '최홍기'로 살며 먹고 싶은 것, 가고 싶은 곳, 하고 싶은 것을 마음껏 누리겠다고 했다.

공연 말미, 그는 "이제 저는 마이크가 없어 노래를 부를 수 없습니다. 여러분이 대신 불러주세요."라고 말하며 거수경례했다. 그때, 무대 위로 드론이 등장했고, 그는 그 드론에 마이크를 실어 보냈다. 그리고 그는 뒷모습을 보이며 무대 아래로 서서히 사라졌다.

그날 공연은 단지 한 번의 콘서트가 아니었다. 하나의 시대가 저물어가는 상징이었고, 한 세대가 그와 함께 눈물과 웃음으로 이별을 고하는 순간이었다. 노래 하나하나에 담긴 감정, 진심, 그리고 작별의 뉘앙스가 그 어느 때보다도 깊게 다가왔다.

그는 삶을 알고자 노래했고, 죽음을 이해하고자 노래했으며, 사랑을 붙잡고자 노래했다. 단지 가수로서가 아니라, 시대의 이야기꾼이었고, 무대는 그의 생의 중심이었다. 그가 부른 노래는 곧 그의 삶이었고, 숨처럼 그와 함께였다. 이제 그의 무대는 끝났지만, 그의 노래는 여전히 우리 마음속에서 살아 숨 쉴 것이다.

흐르는 물 위에 멈춘 사연

한탄강 협곡에 흙탕물이 활기차게 흘러간다. 모내기 철이 되면 논에 물을 가두기 위해 용수로를 열면 논두렁이나 경사지의 토양이 유실되어 흙이 강으로 흘러들어 일시적으로 물빛이 탁해진다.

봄빛이 스며든 한탄강은 햇살이 물 위에 부서지고, 이따금 들리는 새소리와 물소리가 어우러져 한 편의 시가 된다. 순담계곡에서 절벽과 허공 사이를 이어놓은 잔도를 걷다 보면 사람도, 나무도, 물도 이 계절의 유록빛 숨 속에서 조용히 깊어진다. 한탄강 주상절리길 열 곳의 쉼터마다 독특한 풍경에 잠시 걸음을 멈추고 자연이 들려주는 이야기에 귀 기울이게 한다. 강물은 말없이 흐르지만 그 물결엔 시간을 감싸 안는 너그러움이 있다.

한탄강의 주상절리 협곡을 벗어나 고석정에 도착했다. 이곳은 생각보다도 더 조용하고, 더 깊은 자연의 숨결을 간직한 곳이었다. 무심히 흐르는 강물과 하늘로 솟은 기암절벽 사이로 바람 한 줄기, 고요히 지나간다. 바위틈에 뿌리내린 소나무는 말없이 세월을 견디고,

강물은 아무 일 없다는 듯 부드럽게 그 아래를 감돈다. 세상의 번잡함은 이곳에 닿지 못하고, 오직 자연만이 오래된 침묵으로 서로를 마주 본다.

조선의 발자취를 찾아 거닐다 보면 고요한 새벽안개처럼 스며드는 역사의 숨결이 느껴진다. 수천만 년 전 화산활동이 빚어놓은 주상절리와 한탄강의 푸른 물살은, 오래된 이야기를 고요히 속삭이는 듯했다.

고석정은 오랜 세월 동안 그 자리에 있었다. 조선 중기, 병자호란의 소용돌이 속에서도 이 바위는 흔들리지 않았다. 한탄강의 물줄기는 변해도, 그 위에 우뚝 선 고석은 결코 그 자리를 내어주지 않았다. 바위 위에 세워진 정자에 앉아 내려다보면, 검푸른 강이 유유히 흐르고, 바람은 물살을 어루만지듯 스친다. 그 풍경 속에서 말없이 그저 바라보는 것만으로도 위로를 받는 느낌이었다.

오늘, 이 아름다운 절경 속에서 나는 두 개의 전설을 만나고자 했다. 하나는 정의롭고 비극적인 도적 임꺽정의 흔적, 다른 하나는 조용하면서도 강인함과 깊은 사랑으로 꺾이지 않는 신념을 보여주는 '옥씨부인전'의 이야기다.

신라 진평왕 때 이곳 절벽 위에 정자가 세워졌다. 이후 조선 시대에 이르러 의적 임꺽정이 이 정자를 은신처로 삼았다는 전설이 전해진다. 실제로 이곳은 지형이 험하고 강줄기와 절벽이 복잡하게 얽혀 있어, 누군가의 도피처이자 아지트로는 최적의 장소였으리라. 백성을 위한다며 부패한 관리들의 재물을 훔쳐 나눠주던 임꺽정은 민초들 사이에서 영웅으로 불렸지만 조정에는 반역자로 낙인찍혔다. 결국 붙잡혀 비참한 최후를 맞았지만, 고석정 절벽 어딘가엔 여전히 그가 칼을 갈던 흔적이 남아 있는 듯하다.

　얼마 전 종영한 드라마 〈옥씨부인전〉을 시청하면서 인간의 존엄성과 정의, 선함의 힘을 보았다. 임꺽정과 마찬가지로 세상의 불의에 맞서 싸우는 옥씨부인의 모습은 언제 보아도 통쾌했다.

　드라마 〈옥씨부인전〉이 이곳을 배경으로 삼았던 것은 우연이 아니었으리라. 카메라가 담아낸 이 풍경은, 기다림과 사랑이라는 인간의 가장 고귀한 감정을 표현하기에 더없이 적절하다. 강 저편에서 옥씨부인이 발걸음 소리가 들리는 듯하다. 그 강인한 정신은 거친 절벽 위에서도 꺾이지 않는 야생화처럼 강하고 순결했다.

　높다란 바위 위에서 내려다보는 강물, 그 아래로 어른거리는 백성들의 삶과 분노, 연민이 함께 어우러져 머먹함으로 다가왔다. 백성들을 위해 검을 들었던 임꺽정의 고뇌가 절벽의 깊은 균열 속에 고스란히 박혀 있는 듯하다. 바위에 앉아 있노라니 마치 "지금도 국민의 고통은 끝나지 않았다."라는 현실이 물소리를 타고 들려오는 듯하다.

　임꺽정이 고석정을 숨통 삼아 세상을 향해 검을 겨누었다면, 옥씨부인은 이곳에서 조용히 사랑을 품었다. 남자는 혁명과 반란을 품었고, 여자는 기다림과 신념을 지켰다. 그 둘의 삶은 전혀 달랐지만,

결국 모두 인간답게 살고자 했다는 점에서 닮아있다. 고석정은 그들의 상반된 삶을 한 공간에 고이 안으며, 정의와 사랑이라는 두 거대한 주제를 품은 성소가 되었다.

 봄 햇살에 물든 절벽은 정의의 빛으로 타올랐고, 그 사이로 강물은 묵묵히 흘러가고 있었다. 수백 년 전에도 이 물은 이렇게 흘렀고, 수백 년 후에도 그러할 것이다. 사람은 가고, 고석정은 그 이야기를 절대 잊지 않고 품고 있을 것 같다. 칼을 든 의적도, 기다림을 간직한 여인도, 모두 이 절벽과 강물 속에 조용히 녹아서 연면히 흐를 것만 같다.

 드라마 촬영 장소를 직접 와서 보니 나 역시 삶을 대하는 태도를 다시금 돌아보게 되었다.

 "나는 어떤 마음으로, 어떤 자세로 살아갈 것인가?"

 지금까지의 내 삶은 그저 바람 부는 대로 흔들리며 살아온 건 아니었을까? 사람들과의 관계에서 편한 선택만을 해왔고, 옳고 그름보다는 손해와 이익을 따졌던 건 아닐까? 구덕이처럼 세상을 바로잡을 수는 없더라도, 최소한 나 자신은 바로 서고 싶다.

나의 버킷리스트

사람은 누구나 죽기 전에 꼭 해보고 싶은 일, 만나고 싶은 사람, 이루고 싶은 꿈을 마음속에 품고 살아간다. 어떤 이들은 그것을 '버킷리스트'라 부르고, 또 어떤 이들은 '삶의 이유'라 말한다.

세계적인 방송인, 작가, 자선가이자 수많은 사람의 인생을 바꾼 오프라 윈프리 또한 예외는 아니었다.

오프라는 마야 안젤루와의 깊은 대화를 나누는 순간, 마치 시간이 멈춘 듯한 느낌을 받았을 것이다. 어린 시절부터 마야의 시와 책을 통해 마음의 울림을 느끼며 자란 오프라는, 그 고귀한 존재와 마주하는 순간이 현실이 되는 기적 같은 순간을 맞이한 셈이었다. 마야의 집에서 따뜻한 차 한 잔을 사이에 두고 나눈 인생 이야기 속에서, 오프라는 마치 오랜 시간 동안 꿈꾸어온 장소에 서 있는 듯한 감정이었을 것이다.

오프라는 마야와의 대담에서 지혜와 사랑을 한껏 흡수하며, 어릴 적 자신이 가졌던 그 꿈이 얼마나 의미 깊은 것인지 깨달았을 것이다. 그 따스한 차의 온도 만큼이나 마음속에서 전해지는 온기와 오랜 시간 동안 찾고자 했던 답을 마침내 눈앞에서 마주한 감동, 그 순간은 단순한 만남이 아니라 두 사람의 인생이 서로에게 영향을 주고받으며 하나로 이어지는 듯한 특별한 순간이었을 것이다. 마음 깊은 곳에서, 오프라는 자신이 더 나은 사람으로 성장할 수 있는 힘을 그 순간 안에서 발견했을 것이다.

문득 나의 버킷리스트가 떠올랐다. 어느덧 예순 중반, 아직은 젊다고 외쳐보지만, 몸은 그렇지 않다고 말한다. 생각과 기억, 몸과 마음이 가끔 엇갈리는 요즘, 나는 이렇게 무력하게 삶을 맞이하고 싶지 않다는 마음이 커졌다. 나이가 들어감에 따라 자연스럽게 받아들여야 하는 것들이 있지만, 동시에 나이와 관계없이 도전할 수 있다는 걸 깨달았다. 아직 해보지 않은 일들이 많고 새로운 경험이 나를 기다리고 있다고 믿고 싶다.

그중 나의 첫 버킷리스트는 세계를 여행하는 것이지만, 꼭 하고 싶은 것은 일렉기타를 연주하는 것이다. 얼마 전부터 용기를 내어 기타 코드를 배우기 시작했다. 일렉기타는 두 팔 안에 쏙 들어오지만, G코드를 누르는 건 생각보다 어려운 일이었다. 굳어버린 손가락이 말을 듣지 않는다. 처음에는 쉽게 연주할 수 있을 것 같았는데, 손끝에서 나오는 음이 내가 원하는 그대로 나오지 않아 마음이 조급하기도 했다. 그래도 계속 연습했더니 조금씩 나아가는 느낌을 받는다.

이 소리는 내 마음을 어루만져 준다. 울적할 때나 마음이 소란스러울 때, 일렉기타는 너무 높지도 낮지도 않은 그 중간의 소리로 내 감정을 정리해 준다. 마치 엘비스 프레슬리의 목소리가 내 마음을 다독이듯, 그 따뜻한 음색이 나를 위로한다.

내가 특히 좋아하는 곡은 레이 세이어의 'I Love You More Than I Can Say'다. 그 곡의 감미로운 전주와 사랑을 고백하는 솔직한 가사는 마음에 깊게 와닿는다. 연주하면서도 그 가사들이 내 마음을 더욱 채운다. 사랑을 표현하는 방식이 너무나도 순수하고 진심 어린 것 같아서, 내가 그 곡을 연주할 때마다 마음이 따뜻해진다. 이 곡을 자유롭게 연주할 수 있는 날까지 얼마나 걸릴지 모르지만, 마치고 나면 다음 곡으로 'The House of the Rising Sun'을 배울 생각이다. 고향을 그리워하는 싱어의 감정이 고스란히 담긴 곡이다. 어두운 현실 속에서도 그리운 고향으로 향하는 마음을 표현한 노래로, 듣기만 해도 마음이 따뜻해진다. 이 곡을 듣다 보면 지친 삶과 외로움도 위로받는 느낌이다.

기타 연주를 첫 번째 버킷리스트로 실행한 건 정말 잘한 일 같다. 보통 버킷리스트에 올려놓은 건 쉽게 이뤄지지 않는 일들이 많다. 도전적이고 때로는 힘들기 때문이다. 그만큼 이루었을 때의 성취감이 크다는 걸 알기에, 나도 그 도전의 문을 열어보았다. 기타라는 악기는, 특히 처음 시작할 때 그 어렵고 복잡한 코드와 손가락의 위치를 맞춰가는 일이 결코 쉽지 않지만, 그 과정이 주는 만족감은 상상 이상이다.

때로는 그만두고 싶을 만큼 어려운 순간이 오지만, 나는 그 어려움을 두려워하지 않기로 했다. 도중에 포기할 수도 있지만, 그 과정에서 배우는 것들이 분명 나에게 큰 의미가 될 것이다. 완벽하게 연주할 수 있는 날이 오지 않더라도, 그 모든 시간이 나에게는 소중한 경험이 될 것이다. 그 과정 자체가 즐거움이 될 수 있도록, 매 순간을 즐기며 살아가고 싶다.

기타를 치면서 느끼는 그 작은 성취감이 내 삶의 리듬을 조금씩 바꿔주는 것 같다. 비록 완벽하지 않더라도, 내가 이루어가고 있는 그 자체가 중요한 것이다. 그러니 언제나 그 리듬을 즐기며, 그 과정에서 나 자신을 더 깊이 알아가는 시간이 될 것이다.

지금까지는 가족과 회사에 맞춰 살면서 내가 하고 싶은 것들을 하나씩 포기해 왔다. 늘 다른 사람들의 기대와 필요에 맞추다 보니, 내 마음속 깊은 곳에서 꿈꾸었던 것들은 점점 멀어져 갔다. 하지만 이제는 그 길에서 벗어나, 내가 진짜 원하는 삶을 살고 싶다. 더는 다른 사람들의 틀 속에 갇히지 않고, 나 자신을 위한 삶을 살고 싶다. 삶의 마지막 순간까지 열정과 사랑을 간직하며, 후회 없는 나날을 보내고 싶다. 내가 진심으로 원하는 것에 도전하며 내가 쌓아온 노력이 헛되지 않도록 만들고 싶다.

인생은 단순히 리스트로 완성되는 것이 아니다. 그 리스트가 끝없이 늘어날 수도 있고, 중간에 바뀔 수도 있다. 하지만 그 리스트를 바라보는 순간, 삶은 분명 방향을 갖는다. 그 방향을 따라가면서, 나만의 속도로 하나하나씩 이루어가는 것. 언젠가 그 목록을 하나하나 지워갈 수 있다면, 그것만으로도 내가 잘살고 있다고 느낄 것이다. 그 과정에서 내가 나를 찾고, 내가 진정 원하는 삶을 살아가고 있다는 것 자체가 중요하니까.

맹지(盲地)

 이십오 년 전, 아버지가 세상을 떠나시면서 다섯 자매에게 밭 한 떼기를 남기셨다. 고향 집 근처에 있는 밭은 부모님의 삶의 터전이었다. 부모님은 해가 뜨면 밭으로 나가 돌을 골라내고, 거름을 주며 종일 땀을 흘리셨다. 그 밭에서 자란 곡식은 식량이 되고 학비가 되었고, 언니의 혼수 이불 솜이 되었다.
 여름이 오면 고향은 다시 살아났다. 평소엔 적막하기 그지없던 집이 도시에서 내려온 사촌들로 북적이며 생기를 되찾았다. 마당 한쪽에 자리한 닭장에서 달걀을 주워 모으고, 토끼장에 민들레 풀잎을 넣어주는 사촌들의 얼굴엔 웃음이 번졌다. 고추밭에는 빨간 고추가 주렁주렁 열리고, 참깨들이 서걱이는 바람 소리와 함께 키를 곧게 세우고 있다. 흰 꽃이 진 자리엔 길쭉한 참깨 꼬투리들이 알알이 여물고, 줄기마다 결실의 무게를 견디며 늠름하게 서 있다. 장마가 지난 밭둑에는 무성한 잡초 사이에서 방아깨비와 풀무치가 여기저기서 튀어 올랐다. 발끝에서 전해지는 흙의 촉감까지. 그 모든 것이

여름의 정취를 한층 더 깊게, 진하게 만들어주었다. 밤이 되면 마당에 멍석을 펴고 그 위에 누워 별을 셌다. 사촌들과 뒤엉켜 웃고 떠들다가도, 문득 고요히 하늘을 올려다보면 그 수많은 별 이야기를 들려주는 듯했다. 오빠는 북두칠성을 가리키며 계절의 변화를 알려주기도 했다.

내가 은퇴하면 고향으로 돌아가 밭을 일구며 살아야겠다는 꿈도 있었다. 하지만 세월은 고향을 바꿔 놓았다. 논밭은 점점 사라지고, 소규모 공장과 물류창고가 들어섰다. 사촌들과 뛰놀던 들판에는 골프 연습장이 생겼다. 고향은 점진적으로 산업화의 바람이 불어 옛 모습이 많이 사라지고 있다.

그래도 부모님이 물려주신 이 밭만은 아직도 그 자리에 그대로 남아 있다. 자매들이 뿔뿔이 흩어져 살기에 밭은 임대로 남아 있는 상태이다. 무심한 세월은 큰언니를 파킨슨병으로 거동을 어렵게 하고, 다른 언니들조차 세월의 무게를 받아들여야만 했다. 모두가 이제는 밭을 매매하자고 했다. 부모님의 피와 땀이 스며 있는 밭을 남의 손에 넘어가는 것이 죄송스러웠지만 어쩔 수 없는 선택이었다.

중개사에게 주소를 알려주자, 밭 위치 지도를 스카이 뷰로 들여다보더니 고개를 갸웃했다.

"그곳은 맹지라 제값을 받기 어렵습니다."

맹지, 말 그대로 '길이 막힌 땅'. 도로와 접하지 않아 차도 사람도 드나들기 불편한 땅이다. 개발도 어렵고 가치도 떨어진다. 그러니

'제값'은 어렵다고 했다. 그 말을 듣는 순간, 마음 한구석이 싸늘해져 왔다. 그 땅은 부모님이 수십 년을 두 손으로 일군 밭이었고, 어머니가 나물과 고추를 심으며 자식들 도시락 반찬을 마련하던 삶의 터전이었다. 손수 물을 길어 나르고 비닐을 씌우고 풀을 매며 계절을 견뎠던 곳이다. 그런 땅이, 길이 없다는 이유만으로 헐값 취급을 받다니 뭔가 억울한 기분이 들었다. 아니, 억울함을 넘어서 씁쓸했다. 그 말속에는 '부모님의 삶도 가치 없다'라는 속뜻이 숨어 있는 것만 같았다. 맹지라서 제값을 못 받는다 해도, 그 땅이 우리 가족에게는 값으로 따질 수 없는 부모님의 보물이었다. 세상이 단순히 물리적인 조건에 의해서만 평가받을 수 있다는 현실이 서글펐다.

길이 막힌 땅, '맹지'라는 단어는 어쩐지 나를 닮은 것 같다. 천편일률적인 학습으로 성장하면서 나만의 길을 찾지 못해 헤맸다.

뒤늦게 만학도의 길을 선택하면서, 비로소 나는 내 길을 찾아가기 시작지만, 결혼하고 아이들이 다 성장하기도 전에 또다시 맹지에 묶여야만 했다. 남편이 세상을 떠난 곳에서 길을 내며 걸어가야 했다. 길을 찾아야만 했다.

단테는 말했다.

"인생길 한가운데에서 우리는 종종 길을 잃는다. 그러나 슬픔과 번뇌 속에서 이해하고 연민하고 사랑하다 보면 결국 별이 뜨는 세계에 이르게 된다."

별이 뜨는 세계는 꼭 멀리 있는 낙원처럼 거창한 곳이 아니다. 우리가 아픈 마음을 끌어안고도 누군가를 이해하려 애쓸 때, 주저앉고 싶은 날에도 조용히 다시 일어날 때나 용서를 택할 때, 기다려줄 때, 겉으로 드러나지 않아도 별이 뜨는 세계로 이르게 된다.

우리 자매 역시 팔십을 넘긴 언니부터 육십을 넘긴 막내까지, 모두가 맹지 같았던 인생에서 자신의 길을 내며 살아간다. 비록 그 길이 울퉁불퉁 구불구불하지만 그 길 위에 다섯 딸은 반짝반짝 빛을 내고 있다.

적의(赤衣)와 적의(敵意)의 사이

반복되는 일상은 때로 단조롭고 지루하게 느껴지지만, 예상치 못한 사건이 터지면 오히려 그 무미건조한 시간이 그리워진다. 최근 계엄선포 논의로 사회가 혼란스러운 가운데, 설상가상으로 제주 여객기 폭발 사고까지 발생해 국민은 깊은 불안과 충격에 빠져 있다.

거리에는 조국을 지키겠다는 국민의 외침이 울려 퍼지고, 밤이 되면, 얼음장 같은 찬바람 속에서도 촛불을 쳐들며 민주주의를 향한 변혁이 지속되고 있다.

2024년 12월 3일, 윤 대통령은 비상령을 선포했다. 공수처는 내란과 직권 남용 혐의로 대통령 소환을 시도했으나 대통령은 불응했다. 해를 넘긴 1월 3일, 대통령 체포영장 집행을 위해 공수처가 대통령 관저에 진입했지만, 경호처의 저지로 실패했다. 미국 CNN, 영국 BBC 등 해외 언론은 이 초유의 사태를 긴급 보도했다. 뒷덜미가 뜨거워지는 요즘이다.

공권력이 공권력과 충돌하는 지금, 법도 원칙도 무너져 버린 듯하다. 국민의 힘, 민주당, 두 지도자가 법관 출신이지만 이제는 서로를 적으로 바라보며 법을 무기 삼고 있다. 국민으로서 이 상황을 바라보는 심정은 참담하다.

마음은 서울, 한남동으로 향하고 싶었지만 마음의 위로를 받고자 경남 의령을 찾았다.

찬 기운은 이곳도 마찬가지였다. 의병교를 건넜다. 임진왜란 당시 전국 최초로 의병을 일으킨 곽재우 장군의 얼이 깃든 병탑 앞에 서니, 지금의 혼란스러운 정세가 부끄러워 고개가 숙어졌다.

홍살문은 붉은색으로 악귀를 물리치고 액운을 막는다고 한다. 마치 서낭당처럼, 이 땅을 지켜주는 수호신 같은 존재로 느껴졌다. 이 홍살문이 서울 한복판에 있었다면, 나라가 지금처럼 흔들리지는 않았을 것 같다는 생각이 들었다.

맑았던 하늘은 순식간에 먹구름으로 뒤덮였다. 하지만 구름 틈 사이로 한 줄기 햇살이 비집고 나와 홍살문을 비췄다. 늘 한편에는 배롱나무가 앙상하지만, 기운찬 몸통으로 충익사를 묵묵히 지키고 있었다. 하늘 향해 곧게 뻗은 가지 끝에서, 곽재우 장군의 굳은 신념과 결기가 느껴졌다.

박물관 안에는 곽재우 장군의 유물과 임진왜란 당시 의병들의 활동상이 전시되어 있었다. 도요토미 히데요시의 침략 야욕에서 비롯된 전쟁은 조선을 초토화했다. 수많은 백성이 포로로 끌려가고, 귀중한 문화재는 무차별적으로 약탈당했으며, 목숨을 잃은 이들은

100만 명에 달했다. 전시관 곳곳에는 그날의 참혹함이 고스란히 남아 있었다.

조국이 무너지기 직전의 위기 속에서, 곽재우 장군은 붉은 옷을 입고 백마를 타며 적진을 누볐다. 그는 험준한 지형을 이용한 유격전으로 왜군을 괴멸시키고, 보급로를 차단해 전세의 흐름을 바꾸어 놓았다. 정유재란이 발발했을 때는 화왕산성을 끝까지 지켜내며 끝까지 항전했다. 이수광은 그를 이순신 장군과 나란히 평가했으며, 이덕형은 그의 공을 행주대첩과 한산대첩에 비견할 만큼 높이 샀다.

곽 장군의 추모비에는 '구국창의(救國倡義)'라는 글귀가 새겨져 있다. 나라를 구하고 정의를 앞장서 실천한 그의 정신은 머무는 곳마다 전해지고, 그 충성심은 나 또한 이 나라를 위해 무엇을 할 수 있을지 생각하게 만든다.

지금의 한국 정치는 어떠한가. 계엄과 탄핵 정국 이후 시간이 흘렀지만, 정치 불안은 좀처럼 가시지 않는다. 지도자는 말 한마디, 행동 하나에도 신중해야 한다. 지금의 정치는 양심 없이 헤매는 듯 혼란스럽다. 머리만 있고 가슴이 없는 정치는 재앙이다. 정치를 위한 정치, 권력을 위한 협박은 국민을 고통스럽게 만들 뿐이다.

누군가는 높은 곳을 향한 욕망은 비룡(飛龍)이 되려는 꿈이지만, 지나친 욕심은 결국 항룡(亢龍)의 추락으로 이어진다. 정당이 헌법을 무시하고 법을 악용한다면, 그것은 결코 승리할 수 없는 이기심이다. 나라가 바로 서려면 좌우 균형이 필요하다. 양 날개로 비상해야 하듯, 여야가 서로 협치해야 나라가 바로 선다.

국민은 홍의 장군처럼 붉은 옷 대신 붉은 촛불을 들었다. 서로가 적의(敵意)를 입고 맞서는 일은 결코 있어서는 안 된다.

의령 탑과 충익사를 돌아보며, 조국을 위해 책임을 다했던 진짜 지도자의 모습을 떠올렸다. 다시 한번, 이 자리에서 내가 무엇을 해야 할지 깊이 생각하게 되었다.

날벼락

처음부터 알아차려야 했다.

그녀가 보였던 과한 친절, 도를 넘는 배려가 어쩌면 신호였다. 단순한 호의가 아니었고, 어딘가 불안한 기류를 감추려는 듯한 감정의 위장이었을 텐데.

입사한 지 두어 달이 지나던 어느 날, 그녀는 값비싼 영양 크림을 내밀었다. "이러지 않아도 된다."라며 손사래를 쳤지만 제품 설명까지 곁들이는 정성에 말문이 막혔다.

그녀가 사무실 문을 열고 들어올 때면 진한 향수 냄새가 불쑥 코끝을 찌르고, 키보드를 칠 때마다 따닥거리는 소리는 유난히 귀에 걸렸다. 교태로운 목소리, 진한 화장, 숱이 없는 긴 갈색 머리에 요란한 머리띠, 짧은 핫팬츠와 깊게 파인 셔츠차림으로 그녀는 늘 '다르게' 존재했다. 그 모습은 특히 건설회사의 특성상 남자 직원이 대다수이다 보니 그녀의 모든 행동이 더욱 도드라져 보였다. 그녀의 얼굴은 늘 붉은 기가 감돌았다. 볼이며 이마, 턱 주변까지 자주 홍

조나 멍처럼 보이는 자국들이 자리 잡고 있었고, 가까이서 보면 피부에는 바늘 자국 같은 자그마한 흔적들이 남아 있었다. 피부과 시술을 받는 걸까, 혹은 요즘 유행하는 관리법이라도 따르는 걸까. 관심을 두지 않으려 애썼지만, 문득 그녀의 연봉으로 이런 비용을 꾸준히 감당할 수 있을까 하는 생각이 스치곤 했다.

그건 나의 기우였을지도 모른다. 사람의 외모나 생활방식을 짐작으로 판단하는 일이 얼마나 무례한지를 알면서도, 이상하게 그녀만 보면 그런 생각들이 자꾸 고개를 들었다. 아마 그녀가 풍기는 분위기 때문일 것이었다.

그녀의 존재는 사무실의 공기를 미묘하게 바꾸어 놓았다. 분명 익숙한 평온함에 균열을 만드는 쪽이었다. 누군가는 그런 변화를 활력이라 여겼고, 또 누군가는 조심스럽게 불편함을 드러냈다. 나는 그 중간 어딘가에서 매일 흔들렸다. 판단과 이해 사이, 불편함과 수용 사이에서 묘하게 중심을 잡지 못한 채로 지켜볼 뿐이었다. 사무실이란, 다양한 사람들의 세계가 얇은 칸막이 하나로 연결된 공간이다. 그 안에서 나는 여전히 그녀의 존재를 의식하며 하루 하루를 보내야만 했다.

워크넷에 등록된 그녀의 이력서에는 유능한 경력자로 포장하고 있었다. 남자 인사 담당자는 이력서만 보고 단박에 그녀를 채용했다. 하지만 실상은 달랐다. 입사 하루 만에 모두를 당혹스럽게 한 그녀의 행동은 늘 예상을 벗어났다. 회사에 갖춰진 PC와 사무용품이 있음에도 불구하고, 그녀는 개인용 PC를 가져와 두 대를 연결해 사용하고, 책상 위에는 선풍기, 안마기, 무릎 보호대, 발 마사지기까지 진열되었다. 그 공간은 마치 집 안 거실 같았다.

업무 효율을 위한 것이라면 이해할 수도 있었을 것이다. 하지만 이력서에 적힌 화려한 경력과는 달리, 그녀는 기초적인 업무도 제대로 수행하지 못했다. 마치 신입사원을 다시 키우는 기분이었다.

어느 날 퇴근길에 그녀는 조심스레 자신의 삶을 털어놓았다. 자신은 입양으로 시작된 삶으로 한 번의 이혼과 재혼, 대학생 아들과 초등학생 딸을 두고 있었다. 재혼하면서 아들은 아빠에게 보냈다고 했다. 그녀의 사정을 알고 나니 나는 순간적으로 연민에 휩싸였다. 그녀의 과거는 결코 내려놓을 수 없는 책임이 그녀를 짓누르고 있는 것 같았다. 그러나 그녀의 불안은 줄어들지 않았다. 일주일 간격으로 크고 작은 교통사고를 냈다. 기대는 점차 실망으로 바뀌었고, 그 실망은 경계심으로 바뀌었다.

그녀가 입사한 지 여섯 달이 지났다. 나는 오랜 준비 끝에 친구들과 유럽 여행을 떠났다. 열흘의 부재 동안 그녀가 업무를 잘 감당해주고 감당하리라 믿었다. 그녀에 대한 믿음은 산산이 부서졌다.

"실장님, 지금 사무실로 급히 오셔야겠습니다."

여행에서 돌아온 다음 날, 아침 식사를 하던 중 회사에서 다급한 전화가 걸려 왔다. 그녀가 수천만 원을 횡령한 것이다. 순간적으로 머릿속이 하얘졌다. 심장이 마치 땅속으로 내려앉는 것 같았다.

사무실은 완전히 아수라장이었고, 그곳에서 만난 그녀는 내가 알던 얼굴이 아니었다. 뻔뻔함이 그대로 묻어나는 표정, 부끄러움 없이 바라보던 눈빛, 심지어 그녀는 소화 불량으로 꺽꺽거리는 소리를 내며 역겨운 냄새를 풍기고 있었다. 그 냄새가 숨 막힐 정도로 강렬했다.

배신감에 몸이 떨렸고, 믿었던 내가 어리석기 그지없다는 생각이 들었다. 그녀는 경리 실장인 나를 속였고, 내가 자리를 비운 틈을 타 돈을 빼돌렸다. 그뿐만 아니라 가끔 내 지갑에도 손을 댔음도, 그제야 선명하게 짐작되었다. 늘 공기 빠진 풍선처럼 갈팡질팡했던 지난 몇 달이 떠올랐고, 나는 그동안 그녀의 연막극에 철저히 속았다는 자괴감에 휩싸였다.

임원 회의는 격렬하게 진행되었다. 그녀를 구속해 처벌하자는 의견과, 횡령한 돈을 회수한 뒤 훈방하자는 의견이 팽팽히 맞섰다. 그 소리 속에서도 나는 끝내 그녀의 서글픈 삶이 떠올랐다. 그 긴장된 분위기 속에서 나는 어쩔 수 없이 마음속 깊은 곳에서 그녀를 생각할 수밖에 없었다.

그녀가 처한 현실이 그녀를 여기까지 오게 만든 것이었다. 연하의 남편은 그녀에게 능력 이상의 것을 요구하며, 의붓어머니는 늘 미용 시술비를 도와달라며 계속 압박했다. 그녀는 가족을 부양해야 한다는 의무감과 자기 외모를 지키기 위한 압박 속에서 끊임없이 허덕였다. 그 과도한 친절은, 사실 누군가를 자신의 떠나지 않게 하려는 왜곡된 애착의 표현이었을 것이다.

그 끝이 범죄라는 이름일 줄은 몰랐으려나, 그런데 그건 예정된 수순이었다. 자신을 지키고 싶었고 버려지기 싫었으며, 살아남고 싶었다. 그렇게 그녀는 자신의 옳고 그름의 경계를 조금씩 넘나들었다가 끝내 그 선을 넘어버렸다.

그녀에게 필요한 것은 단지 처벌이 아닐지도 모른다. 정신적으로 무너진 사람에게 필요한 것은 방향을 다시 잡을 기회, 마음을 회복할 치료, 그리고 아주 작은 평온이다.

그 후, 그녀가 횡령한 돈은 모두 회수되었고, 회사는 그녀를 고소하지 않기로 결정했다. 대신 조용히 권고사직 처리되었다. 그녀가 떠난 책상은 이제 비어 있다. 복잡하게 얽혀 있던 물건들은 모두 사라졌고, 그 자리는 이제 쓸쓸한 여운만을 남긴 채 그대로 놓여 있었다.

그녀의 요란한 몸짓은 받침 없이 꽃을 피우려는 안간힘이었을지도 모른다. 그녀는 인생의 한쪽이 마비된 채 균형을 잃고 흔들리며 살아온 것이다. 그녀의 삶은 허세 속에는 깊은 외로움이 숨겨져 있었다.

이 사건을 겪으며 나는 오히려 감사함을 배운다. 내 주변에는 탐욕에 휘둘리지 않는 사람들이 있다는 것, 나 또한 누군가의 것을 탐하지 않으며 살아갈 수 있음에 감사한다. 무엇보다 지금, 이 순간에도 나는 기도한다. 범죄에 빠진 그녀가 또 다른 범죄에 빠지지 않기를. 교도소 N번방 여자로 전락하지 않기를.

현애살수(懸崖撒手)

얼마 전, 태영건설의 부도 위기로 나라 전체가 긴장의 연속이었다. 거대한 바위가 흔들리듯 불안했던 경제는 다행히 '워크아웃'이라는 안전장치를 통해 간신히 안정을 찾았다. 그러나 최근 몇 년 사이, 기업들은 예기치 못한 경영 악화로 존립 자체를 위협받고 있다.

코로나19라는 전대미문의 위기를 견뎌낸 가게들도 더는 버티지 못하고 하나둘 주저앉았다. '공실'이라는 안내문이 이제는 특별하지 않은, 흔한 풍경이 되었다.

건설 사업을 경영하던 우리 회사도 사정은 다르지 않았다. 엎친 데 덮친 격으로, 얼마 전 근무하던 대표이사가 갑자기 타계하면서 회사는 방향을 잃은 부표처럼 표류하기 시작했다. 수십 년간 함께 해온 거래처들이 하나둘 자취를 감추기 시작했고, 회사의 실적은 걷잡을 수 없이 곤두박질쳤다. 대표가 사라진 회사는 수익성이 크게 줄었고, 채무는 급격히 증가하며 재무적 불안이 지속되었다. 결국 신용등급은 추락했고, 경영 지표 역시 평균을 밑도는 수준으로 떨어졌다.

경영이 불안정해지자 직원들은 하나둘 회사를 떠났고, 회사의 기둥 같았던 임원진마저 흔들리기 시작했다. 이대로라면 1년 안에 도산할 것이 불 보듯 뻔했다. 대표의 사망 후 상속자인 아내가 회사를 이어받았지만, 평생 남편 내조만 하던 그녀에게는 이 난관을 극복할 힘이 부족해 보였다. 무엇부터 시작해야 할지 몰라 매일 좌고우면하며 머뭇거리는 그녀의 모습이 안쓰러울 뿐이었다.

혼란은 더욱 심해졌다. 한 달 사이 대표이사가 두 번이나 바뀌었고, 남아 있는 직원은 고작 셋뿐이었다. 고문 역할을 하던 회계사와 세무사는 그녀에게 회사를 직접 운영해 볼 것을 권유했지만 그녀는 "개 꼬리 3년 묵어도 황모(黃毛)가 되지 못한다."라는 속담처럼 경영에는 문외한임을 고백했다.

그녀는 회사를 매각하는 것이 낫겠다고 제안했는데 법인 매각은 단순하지 않다. 세금 문제와 재무 구조의 복잡성 때문에 먼저 회계 및 법률 실사를 거쳐야 했고, 매각 방식에 따른 세금 부담도 면밀히 검토해야 했다. 이후 매수자와의 협상, 계약서 작성, 법적 절차까지 이어지는 일련의 과정은 많은 시간과 전문가의 조력이 필요했다. 매각은 단순한 결정이 아닌, 복잡하고 신중한 절차의 연속이었다.

매각 소문에 여러 인수 희망자가 나타났다. 하지만 대부분 진정한 투자자라기보다는 정보만을 캐가려는 브로커였고, 진정성을 가진 이는 드물었다. 그렇게 몇 달을 출렁이는 파도 위에 떠 있는 듯한 불안한 시간 속에서 버텨내다 보니, 문제는 어느새 단순한 경영의 어려움을 넘어서 기업의 존립 자체가 흔들리는 위기 상황에까지 이르렀다.

결국 내부에서는 '차라리 현애살수(懸崖撒手), 벼랑 끝에서 손을 놓는 것이 낫지 않겠느냐'라는 체념 섞인 목소리까지 흘러나오기 시작했다. '현애살수'는 벼랑 끝에서 과감히 손을 놓고 포기한다는 의미지만, 단순한 좌절이 아니라 새로운 길을 선택하는 결단을 의미하기도 한다.

혼란스러운 시간이 몇 달 더 흐른 후, 한 거래처를 통해 마침내 회사를 인수하겠다는 사람이 나타났다. 오랜 협상과 여러 우여곡절 끝에, 회사는 결국 2년 만에 매각됐다. 매도 계약서에 회사 직인을 찍던 그 날, 돌아가신 대표가 피와 땀으로 일궈낸 사업장을 다시 일으켜보겠다는 매수인의 눈빛에서 고마움을 느꼈다.

대표는 삼십여 년 전 서너 평짜리 작은 사무실을 임대해 건설업을 시작했다. 젊은 시절, 그는 밤낮없이 시골을 돌아다니며 노후화된 슬레이트 지붕을 걷어내고 창고를 짓는 일을 했다. 당시에는 1급 발암물질인 석면의 위험성을 제대로 알지 못했던 때여서 슬레이트 위에서 돼지고기를 구워 먹고 고구마를 구워 먹기도 했었다. 그러나 무방비로 그 환경에 노출됐던 대표는 삼십 년이 지난 후 악성 중피종이라는 병으로 고통스럽게 세상을 떠났다.

그의 열정과 헌신으로 회사는 중견기업으로 성장했으나 그가 떠난 후 회사는 길을 잃고 헤맸다. 매각 직전의 아내는 남편의 묘소를 찾아 눈물로 항의했지만, 말 없는 묘비는 그녀의 심장을 조용히 울릴 뿐이었다. 어쩌면 이 모든 것이 정해진 운명이었을까. 어쩔 수 없는 흐름 속에서, 우리는 결국 현애살수의 마음으로 회사를 내려놓았다.

사람들은 종종 '결단'이라는 단어를 쉽게 이야기한다. 하지만 진정한 결단은 조용하고 고요하며 때론 눈물 한 방울조차 허락하지 않는다.

그날, 나는 내 인생의 벼랑 끝에 서 있었다. 그리고 그건 누구의 판단도 아닌, 오직 나만이 짊어져야 할 선택이었다. 손을 놓는 순간, 추락이 시작될 줄 알았지만 오히려 나는 날고 있다는 느낌을 받았다. 두려움은 있었지만 이상하게도 평온했다. 익숙함이라는 단단한 줄을 내려놓자 삶은 오히려 유연해졌다.

벼랑 끝이라는 말이 늘 위험을 의미하지는 않는다. 때로는 그 벼랑이 있어야만 우리가 더 높이 뛸 수 있다. 지금 나는 전혀 다른 삶을 살고 있다. 손을 놓았기에, 비로소 나 자신을 붙잡을 수 있었다. 그 결단이 내 삶의 모든 풍경을 바꿨다. 현애살수는 끝이 아니었다. 그것은 시작이었다.

살다 보면 내려놓아야 하는 것은 회사를 비롯한 외적인 것만이 아니다. 과거의 기억, 아픔, 상처… 결국 그것들을 내가 꽉 쥐고 있었기에 고통도 끊이지 않았다. 놓지 못하고 싸우다 보니 정작 소중한 것을 돌볼 겨를조차 없었다. 내려놓고 나니 체념보다도 새로운 의지가 차오르기 시작했다.

이제 나도 모든 걸 쏟아붓고 떠난다. 지난 이십여 년, 나는 한순간도 놓지 않고 최선을 다했다. 그렇기에 이제 가야 할 길은 그만큼 가볍다. 그러나 그 무게를 떨쳐내는 마음속엔 단순한 가벼움이 아닌, 깊은 결단의 무게가 남아 있다. 앞으로의 일은 순리에 맡기기로 했다. 예고 없이 찾아온 폭설처럼, 지난 몇 달은 마치 섬처럼 고립된 시간이었지만, 이제 나는 그 고립 속에서 떠나며, 봄이 머지않았음을 느낀다. 떠나는 순간, 한 걸음 한 걸음이 어쩌면 마지막일지도 모른다는 사실을 절감하며, 나는 그렇게 조용히 나아간다.

누군가 말했다. "두 발로 죽으라고 뛰어내린 곳이 삶이다."

그리고 나는, 그 절벽 끝에서 비로소 날기 시작했다.

5

시간의 문을 열며

잠자는 그대에게 띄우는 편지

여보!

어젯밤, 거센 바람과 비가 창을 두드리며 요란스럽더니, 오늘 아침 창밖은 믿기지 않을 만큼 맑고 푸르네요. 태풍이 그렇게 한바탕 지나간 뒤라서인지 마치 세상이 숨을 고르고 다시 시작하는 듯한 느낌이에요. 태풍은 모든 걸 뒤흔들지만, 동시에 정화하는 힘도 가진 존재예요. 우리 인생의 고통도 그와 닮아 있는 것 같아요. 견디는 동안은 원망스럽고 막막하지만, 시간이 지나고 나면 그 고통 덕분에 더 깊어진 마음과 더 단단해진 내면을 발견하게 되지요.

당신이 떠난 지도 어느덧 25년이 지났네요. 나도 이제 이순을 훌쩍 넘기고 있네요. 세월이 얼마나 무심하고도 거침없이 흐르는지 새삼 느낍니다.

젊고 패기 넘쳤던 당신이 갑자기 내 곁을 떠나던 그 날, 제 마음엔 마치 시간이 멈춘 듯, 고통 속에서 숨조차 쉴 수 없었던 시간이었어요. 그런데 세월이 흐르면서 그 고통은 서서히 가라앉더군요. 내

생애에 다시는 꽃을 피울 수 없을 거라고 여겼던 고통도, 서서히 자양분이 되어 꽃이 피고 열매를 맺었어요. 당신과 함께했던 그 시간이 있었기에 큰 힘이 되어, 그리움 속에서도 살아가고 있답니다.

그러나 오늘처럼 이렇게 적요한 곳에서 당신의 무덤 앞에 앉아 있으니, 준비 없이 서둘러 떠난 당신이 더욱 가슴 아픕니다. 우리 가족이 함께 나눠야 했을 수많은 행복한 순간들이, 당신 없이 홀로 채워져야 한다는 사실이 너무 아프고 허전해요. 당신의 따뜻한 표정, 깊은 눈빛, 언제나 나를 위로하던 다정한 목소리가 여전히 제 마음 한구석에 살아있어요. 그리운 마음이 이렇듯 커질 줄 알았다면, 더 많이 사랑해 주었을걸, 더 많이 함께했을 걸 하는 후회만 가득합니다. 이 세상이 어떻게 변해도, 내 마음속 당신은 언제나 살아있어요.

여보,

지금 저는 당신과 천국의 언어로 대화를 나누고 있어요. 이 말을 당신은 듣고만 있어요. 당신은 이곳에서 잠들어 있겠지만, 내가 전하는 이 말들이 당신에게 닿을지, 아니면 바람에 실려 날아갈지 모르지만, 저는 말하고 싶어요.

당신이 떠난 뒤로 수많은 날이 흘러가는 동안 정말 많은 일이 있었어요. 초등학생이었던 딸이 결혼했고, 아들은 중년이 가까워지고 있어요. 모두 함께라면 더 좋았을 텐데…. 순간순간 당신이 없다는 게 크게 느껴지곤 했지만 아이들이 곁에 있어 견뎌왔어요. 당신과 함께하지 못한 날들이 너무도 많아 문득문득 가슴이 저릴 때가 있어요. 당신이 없는 자리가 여전히 낯설고, 무심코 돌아보면 거기 있을 것만 같아 눈물이 맺히곤 해요. 하지만 그만큼 우리 가족이 잘 지내고 있다는 사실이, 또 당신이 우리 곁에 남긴 사랑이 여전히 따뜻하게 살아 숨 쉬고 있다는 게 큰 위로가 돼요.

저도 이제 초로의 나이가 되었지만, 아직도 매일매일 주어진 하루하루에 감사하며 살아가고 있어요. 시간이 지나면서 많은 것들이 변했으나 한 가지 변하지 않은 건 당신에 대한 그리움과 사랑이에요. 세상이 바뀌어도, 나는 여전히 당신을 사랑하고 당신을 그리워하고 있어요. 이젠 그리움이 너무 커져서, 눈물이 나지 않으려고 애쓰는 날들이 많아요. 그만큼 당신의 존재가 얼마나 큰 의미였는지 그걸 느끼고 있어요.

여보,

당신을 단 하루도 잊은 적 없는데 당신은 이렇게 잠만 자고 있네요. 그렇게 깊은 잠에 빠져 있는 걸 보니 이승에서 얼마나 많은 지치고 힘든 시간을 겪었을지 짐작이 가요. 당신은 항상 그 길을 향해 주말도 없이, 휴식도 없이 애쓰며 달려갔죠. 이루지 못한 일들도 많았지만, 그 모든 시간이 지금 생각하면 얼마나 당신을 힘들게 했는지 마음이 아픕니다. 항상 한 길만을 향해 걸어가던 당신을 보면 조금이라도 쉬어가며 숨을 고를 수 있었으면 좋았을 텐데, 하는 마음이 들었어요.

세상은 참 넓고도 할 일이 많더라고요. 시간이 흐르며, 더 넓은 세상을 보게 되었다는 걸 느껴요. 한 길만이 최선이 아닌 것을, 그 길을 벗어나지 못하고 당신은 가버린 것 같아요. 그 긴 세월 동안 저는 전쟁 같은 날들을 버텨왔고, 두 아이는 언제나 제 곁에서 힘이 되어주고 있어요. 이제는 따뜻한 빛이 우리 가족을 감싸고 있으니 당신도 이제는 걱정하지 않아도 돼요. 당신이 없는 그 빈자리를 채우기 위해 정말 큰 노력을 하면 살았어요. 이제는 조금은 편안해진 것 같아요. 당신도 그곳에서 포근하고 안락하게 쉬고 있기를 바라요.

우리가 가장 행복했던 시절은, 두 아이와 함께 여행을 다니고 유치원 발표회에서 합창하던 그 날, 당신 목소리가 가장 우렁찼지요. 아마 팀장인 나를 위해 힘을 실어줬지요. 당신과 함께했던 그 날, 초등학교 스승의 날, 우리가 함께 일일 교사를 맡았던 일도 기억나요. 그때는 참 행복하고, 우리의 시간이 그렇게 빛났던 때였어요. 그 모든 순간이 당신과의 가장 소중한 기억으로 가슴속에 남아 있습니다. 당신과 함께한 시간이 얼마나 소중했는지, 그리움이 커질수록 더 많이 깨닫고 있습니다.

여보,

당신은 항상 최선을 다했어요. 병원 침대 위에서도 책을 손에서 놓지 않던 당신의 모습이 지금도 눈에 선합니다. 아프고 지쳐 있었을 텐데도, 당신은 끝까지 포기하지 않았어요. 그 모습에서 나는 당신의 강한 의지를 느꼈고, 우리에게 주었던 약속을 믿었어요. "우리 곁을 떠나지 않겠다."라는 당신의 약속, 그 말을 난 항상 가슴속에 새기고 있었죠.

아이들이 자라는 모든 순간을 저는 홀로 지켜보았어요. 정말 많은 일이 있었지만, 그때마다 나는 당신과 함께 있을 때의 따뜻함을 기억하며 버텼어요. 지금 아들은 당신보다 키가 훨씬 크고 제법 헌칠하다는 소리도 들어요. 성격은 단호하지만 여전히 당신처럼 자상한 면이 많고, 제 사업도 잘 이끌어가고 있답니다. 그 모습을 보면서, 당신이 그 자리에 있었다면 얼마나 기뻐할까 하는 생각을 자주 해요.

딸은 당신을 닮아 재주가 많아요. 지난주엔 조연으로 출연한 영화가 개봉했어요. 상업영화 첫 출연이라 얼마나 가슴이 벅찼는지 몰라요. 처음으로 빛을 보는 그 순간, 내가 당신에게 전하고 싶었던 말들이 많았어요. 당신이 그 자리에 있었다면 얼마나 흐뭇해했을지 상상만 해도 눈물이 나요. 딸은 당신처럼 품격 있고 따뜻한 사람으로 자라났어요. 그 모습이 너무 자랑스럽고 당신이 그곳에서 보고 있다면 정말 뿌듯해했을 거예요.

당신이 곁에 있지 않지만, 그 모든 순간이 당신에게도 닿기를 바라요. 나는 여전히 당신을 느끼며 살아가고 있고, 우리 아이들 또한 당신의 흔적을 따라가며 자라고 있어요. 당신이 남긴 사랑과 기억이 지금도 우리 가족을 이끌고 있답니다.

여보,

이제 그곳에서는 이승의 무거운 기억들은 모두 내려놓고, 우리가 행복했던 시절만 떠올리며 지내길 바라요. 당신이 떠나며 약속을 하나하나 지키면서 살아가고 있어요.

앞으로 내가 더 늙고 힘에 부칠지라도, 내 마음만은 당신과 함께 했던 그 시절 그대로 간직하며 살아갈 거예요.

내가 보고 싶으면 봄이 오면 봄바람으로, 꽃이 필 때면 나비가 되어 오고, 마른 날에는 단비로, 어두운 밤에는 달빛으로 와줘요. 나는 언제나 당신의 품으로 다가갈게요.

여보,

지금 당신의 묘지를 감싸는 햇빛도, 공기도, 바람도, 흘러가는 구름도 모두 당신의 것이니, 아무 걱정하지 말고 그곳에서 편히 쉬세요. 그곳에서 모든 것이 평화롭기를 바라며, 당신이 행복하게 지내기를 기도할게요.

참, 여보,

올해 내가 'ㅇㅇ문학상'을 수상하게 되었어요. 당신이 살아있다면, 많이 기뻐했을 텐데 그것이 가장 아쉽네요. 이 상은 당신 덕분에 받은 거예요. 날 작가로 만든 사람은 바로 당신이에요. 당신의 사랑과 응원, 그리고 그 모든 시간이 지금의 나를 만들었어요.

그날, 당신도 꼭 와 줘요.

시간의 문을 열다

2025년 봄. 밀레니엄을 기념하며 묻었던 타임캡슐이 26년 만에 개봉되는 날이다. 1999년 10월, 초등학교 추억을 성인이 되어 반추해 보려는 소망으로, 아이들은 저마다 애장품을 소중히 묻었다. 추억이 될 사진도, 반 아이들의 이름도, 부모님이 써주신 편지도 함께 넣었다. 그리고 26년 후의 자기 모습도 그려 넣었다.

따가운 봄 햇살 아래, 교단 앞에는 'OO초등학교 밀레니엄 타임캡슐 개봉식'이라고 쓰인 에어 아치가 설치되어 있고, 1999년을 기념하는 포토 존도 마련되어 있다. 운동장에는 수백 개의 의자가 가지런히 놓였고, 진행요원들은 냉커피와 떡을 나눠주며 참석자들을 맞이했다. 모두가 설레는 마음으로 타임캡슐의 개봉을 기다리고 있었다. 학창 시절의 추억을 마주하기 위해 졸업생과 당시 선생님, 학부모까지 참석한 이 행사는 마치 초등학생으로 돌아간 듯, 모두가 들뜬 분위기였다. 소중한 애장품을 찾기 위해 딸아이는 서울에서 휴가를 내고 내려왔다.

드디어 행사가 시작되었다. 커팅식에 이어 개식사, 경과보고, 교장 선생님의 말씀과 내빈들의 축사가 이어지고, 마침내 밀레니엄 타임캡슐이 개봉이 시작되었다. 운동장 한편, 교실로 향하는 언덕 아래 묻혀 있던 캡슐이 드디어 모습을 드러냈다. 녹슬지 않도록 물탱크 속에 담아 보관했던 캡슐이 드러났다. 캡슐 위를 덮어 놓은 기념 현수막이 세월의 때를 한껏 머금고 펼쳐졌다. 그 모습 본 참가자들의 환호성이 터져 나왔다.

캡슐 속 물건들이 하나둘 드러나자, 나프탈렌 냄새와 함께 피어오른 건 단지 오래된 물건의 향이 아니라 추억의 냄새였다. 잊혔던 시간이 되살아났다.

캡슐에 들어 있던 애장품들은 학년마다 마련된 바구니에 조심스레 옮겨졌다. 일기장부터 학급 명단, 인형, 종이학, 플로피 디스켓, 편지 등 1999년의 기억을 떠올리게 하는 손때 묻은 물건들이 하나씩 쌓여갔다.

모두가 캡슐 앞에서 감동의 순간을 마주하고 있었다. 수영선수가 꿈이었던 한 학생은 어엿한 아버지가 되어 자신의 아이에게 과거의 메달을 보여주며 학창 시절 이야기를 들려주었고, 잊고 있었던 부모님의 편지를 꺼내든 이는 그 자리에서 눈물을 흘렸다.

당시 4학년이었던 딸도 레이스 가방 속에서 아빠가 써준 편지를 찾아냈다.

"찾았다!"

그해, 1월에 저세상으로 떠난 아빠의 마지막 편지가 그대로 보관되어 있었다.

사랑하는 딸아!
누구보다 건강하고 착하게 커 줘서 고맙구나.
요즘 아빠가 아파서 즐겁게 지내지 못해 정말 미안하구나.
이번 크리스마스도 병원에서 있게 되어 얼마나 마음이 아픈지 모르겠구나.
아빠가 건강을 꼭 되찾아서, 아파서 못 해주었던 것들을 다 해주마.
아빠는 늘 네 곁에 있을 거야.
아빠, 엄마, 오빠, 우리 딸 행복하게 살아가자.
부디 건강하게 커다오.

1998. 12. 25

이 편지는 병상에서 온 힘을 다해 써준, 아빠의 마지막 편지였다. 그로부터 2주 후, 아빠는 세상을 떠났다.
"사랑하는 딸아."
편지를 읽기 시작하는 딸의 목소리가 떨렸다. 눈물이 흘러내렸다. 마치 아빠가 거기 있는 것만 같았다. 아빠의 따뜻한 손, 부드러운 말투, 늘 등을 토닥여주던 그 모습이 되살아났다. 또박또박 쓰인 아빠의 글씨는 순간, 숨도, 시간도, 함께 멈추었다.

"아빠는 늘 네 곁에 있을 거야."

그 순간만큼은 아빠가 딸을 다시 안아주는 듯했다.

딸은 편지를 조심스레 접어 원래 자리로 되돌리며 눈물을 거뒀다. 말하지 않아도 그 깊이를 느낄 수 있었다.

이제는 딸 곁에서 사위가 아빠의 빈자리를 따뜻하게 채워주고 있다. 아빠는 편지로 마지막 말을 남겼지만, 이제는 슬픔보다는 고마움을 기억하며 살아가고 있다.

그날, 단지 한 통의 편지뿐 아니라 시간 전체가 다시 깨어났다. 묻었던 건 단지 물건이 아니었다. 마음을 묻었고, 그 마음은 세월을 지나 다시 곁으로 돌아왔다.

이 날의 행사를 더욱 간직하고 싶은 딸은 영상 제작을 하였다. 가족 채팅방에 올라온 영상은 시간의 결을 고스란히 담아냈다.

26년 전, 그동안 잠들어 있던 시간은 이제 우리의 가슴속에서 오랫동안 살아갈 것이다. 2025년, 듬직한 성인이 되어 다시 만난 장난꾸러기들이 "다 같이 꺼내 보자"라던 그 시절의 약속을 오늘 지켜냈다.

타임캡슐은 추억을 꺼내는 통로가 아니라, 여전히 유효함을 알려주는 시간의 문이라는 것을.

기억의 창고에 담은 로마

로마는 오래된 숨결이 살아 있는 도시였다. 무심코 밟는 돌길에도 수천 년 세월이 고스란히 담겨 있었고, 길모퉁이의 석상조차 시간의 주름을 간직하고 있었다. 그중에서도 판테온은 마치 시간의 중심점처럼 도시의 심장부에 묵직하게 서 있었다.

'판테온(Pantheon)'의 돔 형태의 천장은 마치 하늘을 떠받치는 신의 손길 같았다. 건설회사에서 젊음을 다 보낸 나는 어디를 가도 건축물에 관심이 많다. 이 건축물은 2천여 년 전 하드리아누스 황제 시대에 지어졌다. 철근도, 현대 기술도 없던 시절에 어떻게 이런 구조물을 만들 수 있었을까. 그 비결은 단 하나, 당시 사람들의 신에 대한 경외심이 이 놀라운 건축물을 가능케 했을 것이다. 신전 내부에 들어서니 돔 천장 위의 거대한 구멍인 자연광 오쿨루스(Oculus)가 신들의 통로처럼 느껴졌다. 보이지 않는 존재들이 모여들어 집회를 여는 듯한 장엄한 분위기는 '신성'이 흐르는 통로임을 알린다. 사람들이 오쿨루스 아래 모여 기도하거나 그저 빛을 올려다보는 동안,

이 작은 지점이 우주와 직통한다는 착각마저 든다. 비록 몇 분, 몇 초의 짧은 순간일지라도, 우리는 모두 이 신성한 통로를 공유하며, 서로 다른 시공간을 살아왔지만 지금, 이 순간만큼은 한마음이 되었다.

판테온, 이 단어를 처음 마주했을 때 나는 그저 고대 로마의 웅장한 건축물 중 하나라고만 생각했다. 하지만 조금 더 깊이 들여다보니 '판테온'이라는 말 자체가 담고 있는 의미는 그 이상의 무게와 품격을 지니고 있었다.

'판테온'은 그리스어 'pan'(모든)과 'theos'(신)에서 유래한 단어로, '모든 신들을 위한 장소'를 뜻한다. 다양한 신들이 함께 어우러져 존재하는 신들의 집합체이자 신성함의 집결지인 셈이다. 그래서 판테온은 단순히 신을 모시는 사원이 아니라 다양한 신들의 힘과 의미가 공존하는 공간이다.

문득, 내 마음속에도 수많은 '신'들이 공존하고 있다는 걸 깨닫는다. 희망, 두려움, 사랑, 분노, 기쁨과 슬픔 같은 감정이 그들이다. 각기 다른 모습과 다른 목소리를 지닌 이 감정들은 우리 내면이라는 '판테온' 안에서 서로 맞서기도 하고, 어우러지기도 하며 나를 만들어가고 있다는 생각에 이른다.

좁은 골목을 따라 걷다가 갑자기 눈앞이 환해졌다. 마치 무대의 커튼이 열리듯 했다. 빛나는 조각상 사이로 쏟아지는 물줄기와 그 소리에 순간 숨이 멎었다. 바로 그곳이었다. 트레비 분수였다. 수많은 엽서 속에 담겼던 풍경이 현실이 되어 나를 마주하고 있었다.
낮게 깔린 분수대 앞에는 사람들이 삼삼오오 모여있었다. 누군가는 셀카를 찍고, 누군가는 말없이 분수를 바라보며 동전을 손에 쥐고 있었다. 나도 그 무리에 섞였다. 손바닥에 닿은 동전의 시원한 감촉이 묘하게 긴장감을 안겨주었다. 분수 앞에 서 있는 나도 잠시 영화 주인공이 된 듯한 기분이었다. 일상에서 벗어난 여행자의 자유, 현실을 잊고 꿈꾸는 하루. 도시가 준 짧은 해방감은 공주의 그것과 다르지 않았다.
나는 분수 근처의 낮은 벽에 앉아 조용히 물소리를 들었다. 주위를 가득 채운 사람들 속에서도, 마음은 묘하게 고요해졌다. 이 순간이 오래도록 기억될 거라는 예감이 들었다. 잠시 후 어깨 너머로 동전을 던졌던 오드리 헵번처럼 작은 의식을 치러본다. 로마에 다시 돌아올 수 있을지 아닐지, 동전 하나를 물속에 던졌다. 동전은 짧은 궤적을 그리며 물속으로 사라졌다. 물결이 잔잔히 흔들렸고, 행운의 여신이 손을 들어 미소 짓는 것 같았다. 분수 아래 수북이 쌓인 수많은 동전처럼, 나의 소망도 그 속에 하나로 더해졌다.
긴 여행의 피로는 진한 에스프레소 한 잔으로 달래고, 길가에서 만난 상큼한 젤라토로 피곤한 몸을 달래 본다. 이번 여행에서 가장 깊은 울림을 남긴 곳은 따로 있었다. 바로 바티칸 박물관과 시스티나 성당이었다.

바티칸 시국의 한복판, 뜨거운 햇살을 받으며 시스티나 성당 앞에 섰다. 수많은 사람이 입장 대기 줄을 이루고 있었지만, 오직 하나의 생각인 '드디어, 그 천장을 본다.'였다.

입장과 동시에 고개를 들자, 미켈란젤로의 붓끝에서 태어난 천장화가 살아 숨 쉬고 있었다. 가장 먼저 눈에 들어온 것은 「아담의 창조」. 하나님의 손가락이 아담의 손에 닿기 직전의 찰나, 그 숨 막히는 거리에는 생명과 존엄, 신과 인간의 관계가 절묘하게 응축돼 있었다. 그 손끝이 마주 닿기 전의 긴장감은 내 마음 깊은 곳에 말할 수 없는 감동을 일으켰다. 아주 가까워 보이지만 실은 결코 쉽사리 닿을 수 없는 거리. 그 거리는 어쩌면 신과 인간 사이의 거리일지도 모른다.

신은 창조의 불꽃을 내어주려 하지만, 아담은 아직 그것을 온전히 받아들일 준비가 되지 않은 듯 보였다. 그의 손은 느슨하고, 몸은 무겁고, 시선은 멍하다. 그 순간 나는 아담에게서 나 자신을 보았다.

삶을 살면서, 우리는 수없이 많은 기회를 마주한다. 어떤 기회는 외부로부터 주어지고, 어떤 가능성은 스스로 만들어간다. 하지만 그 모든 것 앞에서 우리는 종종 주저한다. 손을 뻗지만, 완전히 뻗지는 않는다. 받아들이고 싶지만 두렵다. 혹은 아직 준비되지 않았다고 자신을 속인다.

우리의 삶도 결국 그 손끝을 향해 나아가는 여정이 아닐까. 신과 닿기 위한, 혹은 진정한 자기 자신과 닿기 위한 긴 여정을 찾아가는 중인지도 모른다.

성당을 나와 햇빛 아래에 서니 모든 것이 현실로 돌아온 듯 어색했다. 그러나 내 안의 무언가는 분명히 달라져 있었다. 시스티나 성당은 단순한 관광지가 아니었다. 그것은 한 예술가가, 한 인간이, 온몸으로 신에게 던진 질문이었다. 그리고 그 질문 앞에서 나는 또 다른 질문을 가슴에 품은 채, 천천히 발걸음을 돌렸다.

로마는 그 자체로 시간이 만들어낸 거대한 교과서였다. 도시 곳곳의 유적은 단순한 건축물이 아니라 문화와 가치를 품은 살아 있는 유산이었다. 발길이 닿는 곳마다 의미를 스케치하며 기억의 창고에 담아두었다. 언젠가 무릎이 아프고, 기억이 희미해질 때 다시 열어보기 위해. 그 기억들은 앞으로의 삶을 견디는 힘이 되어줄 것이다. 그렇게 로마는 내 안에 오래도록 머물게 되었다.

조각가의 길

한국 최초의 근대 조각가 정관 김복진(1901~1940) 선생의 업적을 기리는 '팔봉리 김복진 조각 페스타'가 열렸다.

선생의 고향인 청주시 남이면 팔봉리에 도착하니, 120년이 넘은 슬레이트 지붕이 세월의 무게를 고스란히 안고 있었다. 일자형 구조의 이 작은 생가는 오랫동안 방치된 상태였다가 최근 어느 예술 작가가 매입하여 일부 복원하였다. 수십 년의 풍우에도 묵묵히 견디며 무너질 듯하면서도 무너지지 않고 떠날 듯하면서도 떠나지 않은 채, 주인 없는 세월을 묵묵히 받아내고 있는, 그 집안에는 김복진 선생의 시간이 깃들어 있었다.

선생의 생가는 1980년대 중반 한 대학원생이 지도교수에게서 김복진 작가에 관한 이야기를 듣고 수소문 끝에 무덤과 생가를 찾아내며 세상에 다시 알려졌다. 그렇게 발굴된 지 40여 년이 지난 지금, 올해 처음으로 그의 생가와 무덤을 중심으로 한 추모 행사가 열리며, 김복진 선생의 예술혼이 다시금 조명받고 있다.

행사 당일, 생가 마당에는 조각가들이 이 페스타를 위해 준비한 작품들이 전시되어 있었고, 동리 건조실마다 조각 작품이 전시되어 있었다. 수령, 백 년이 넘은 살구나무 아래는 조각가들과 참가자들이 삼삼오오 모여 앉아 선생의 삶과 예술을 되새기며 뜻깊은 날을 맞이하고 있었다.

개막에 앞서 참가자들은 '김복진 순례길'을 따라 걸어서 팔봉산 자락에 자리한 김복진 선생의 산소를 찾았다. 산소는 낮고 평평한 땅 위에 조용히 놓인 평장와비 묘는 봉분조차 없어서 무심히 스쳐 지나가면 알아차리기 어려울 정도였다. 그러나 그 소박한 모습은 생전의 김복진 선생이 그러했듯, 화려하게 드러나기보다는 민중과 시대의 고통을 함께하며 묵묵히 예술의 길을 걸었던 그의 삶을 상징하는 듯했다.

참배 자리에서는 조각가 김운성이 김복진 선생의 흉상을 헌정하며 깊은 경의를 표했다. 무덤 앞에는 노송 한 그루가 산소를 지키고 있었고, 주변에는 잔디가 자라며 들꽃이 소박하게 피어 있었다.

비석에는 한 시대의 아픔과 예술가의 열정, 그 시대를 살아낸 선생의 고독이 함께 새겨져 있었다. 전쟁의 소용돌이 속에서도 조용히 그 자리를 지켰고, 그의 예술혼은 무덤을 중심으로 여전히 살아 숨쉬고 있었다.

참배를 마치고 마을로 내려오니 주민들이 정겨운 인사와 함께 막걸리며 금방 부친 빈대떡을 내어주었다. 허기졌던 배를 달래기에 이

보다 더 좋은 자리는 없었다. 고소한 냄새와 너른 웃음이 어우러져, 시골의 인심이 그대로 느껴졌다.

마을 곳곳에 다양한 예술 작품이 전시된 전시장을 찾았다. 전시장이라고 하기에는 너무도 소박한 장소였다. 봄에는 미술관, 가을에는 곡식을 말리는 건조장으로 기능하는 마을의 공간들을 조각 작품으로 채웠다. 15개의 건조장과 빈집 곳곳에는 조각가들의 손길이 닿은 40여 점의 작품이 전시되어 있었다. 검은 그을음이 배어 있는 옛 부엌과 찬장, 짚과 수수깡이 남아 있는 헛간, 몇몇 허물어져 가는 초가삼간은 일어서면 천장에 닿을 듯한 낮은 공간이었지만, 그 공간마저 작품 일부처럼 느껴졌다. 그 거칠고 낡은 풍경들은 오히려 조각 작품에 강렬한 생명력을 불어넣었다. 번듯한 액자도, 조명도 없는 이 열악한 공간 안에서 예술은 더 순수하고 정직한 얼굴로 다가왔다.

작품에는 저마다 얼굴이 있었다. 어떤 작품은 인간의 고통과 인내를, 어떤 작품은 꿈꾸는 자유와 평화를 말해주고 있었다.

김복진 선생이 남긴 "예술은 민중과 함께 숨 쉬어야 한다"라는 뜻을 오늘, 다시 되새기게 했다. 이곳에서 예술은 더 이상 관람의 대상이 아니라, 삶과 맞닿은 깊은 울림이 되었다.

선생의 이력을 보면, 선생의 호는 정관, 혹은 팔봉이다. 함경도 군수였던 아버지 김홍규와 어머니 김현수 사이에서 장남으로 태어난 그는, 일찍부터 어딘가 평범한 길을 걷지 않을 사람이었다.

젊은 시절, 그는 법률가가 되겠다고 일본으로 유학을 떠났다. 하지만 우에노 공원을 거닐다가 우연히 들른 '일본미술원 전람회'에서 조각 작품 '노자'를 마주한다. 그 앞에서 그는 발걸음을 멈췄고, 동행한 동생 김기진과 밤늦도록 뜨겁게 토론을 벌였다. 조각이란 것이 무엇이길래 이토록 가슴을 뒤흔들 수 있을까. 그날 이후 그는 법 대신 조각칼을 들기로 결심했다.

한국으로 돌아온 그는 1925년부터 본격적인 작업을 시작한다. 배재고 교사, 경성여자상업고등학교 강사, 고려미술원 연구소 강사로 활동하며 학생들을 가르쳤고, 가난한 청년을 위해 야학에서 밤늦도록 초크(chalk)를 잡았다. 선생은 조각가이면서도 언제나 '사람'을 중심에 두는 예술가였다.

선생은 1925년 무렵부터 시작하여 중간의 공백기를 갖게 되지만, 1933년부터 다시 붓을 쥐었으나 1940년, 마흔 살의 나이로 세상을 떠났다. 불과 십여 년 남짓한 시간, 그러나 그 짧은 불꽃은 어둠 속에서도 유난히 뜨겁고 환하게 타올랐다. 그는 단순한 예술가가 아니었다. 조선공산당 재건 운동에 연루되어 투옥되기도 했던 그는, 시대의 고통을 등에 짊어지고 살아간 행동하는 지식인이었다. 억압받는 이들을 위한 예술, 민중과 함께하는 예술을 고민한 그는, 단지 아름다움을 조각한 것이 아니라, 그 시대를, 그 시대의 얼굴을 새겨 넣었다.

김복진은 김제 금산사와 보은 법주사의 미륵불 원형을 직접 조각했으며, 이 불상들은 단순한 종교 조각을 넘어 시대를 향한 작가의 간절한 메시지를 품고 있었다.

당시로선 혁신적이었던 석고와 시멘트 같은 새로운 재료를 과감히 도입해 조각 작업을 이어갔다. 특히 법주사에 세운 시멘트 미륵대불은 우리나라 최초의 근대적 불상으로 기록될 만한 작품이었다. 그러나 이 대불은 안타깝게도 '철골조에 녹이 슬었다'라는 일부 승려들의 잘못된 판단으로 철거되고 말았는데 실제로는 철골 없이 순수하게 시멘트만으로 만들어진 불상이었다. 이건 물리적 손실 뿐만이 아니라, 근대 조각사의 중요한 유산이 사라진 사건이기도 했다.

김복진은 한국 근대 조각의 선구자였지만, 오늘날 우리가 실제로 접할 수 있는 그의 작품은 극히 드물다. 현재까지 전해지는 실물 조각은 공주시의 신원사 소림원「석고미륵여래입상」과「러들로 흉판」정도에 불과하다.「러들로 흉판」은 1938년 알프레드 어빙 러들로 박사의 모습을 새긴 것이다. 현재까지 알려진 일제강점기 작품으로는 매우 희귀하고 인물 표현이 사실적이면서 섬세한 수작이라고 한다. 나머지 작품들은 대부분 일제강점기의 탄압과 전쟁, 사회적 무관심으로 소실되어 지금은 도판이나 기록으로만 그 흔적을 찾을 수 있다.

선생의 발자취를 그냥 넘길 수 없었던 건 한 예술가의 흔적이 아니라 한 시대의 숨결이었기 때문이다.

붓 대신 조각칼을 쥐고 나무와 돌을 파내며 자신만의 언어를 세상에 새기던 사람, 예술을 위해 살았고, 조국을 위해 아파했던 그 마음이, 이곳에 머물고 있었다.

 김복진의 예술을 되새기고, 그의 정신을 계승하려는 움직임은 이제 생가 복원을 넘어 팔봉리를 하나의 예술 마을로 조성하려는 염원으로 확장되고 있었다. 그러기에 그의 예술은 사라지지 않을 것이다.

 김복진 선생은 이렇게 다시 깨어나고 있다.

조각칼

 사고는 예고 없이 들이닥쳤다. 저녁 무렵, 평소처럼 휴식을 취하고 있던 찰나, 아들의 다급하고 떨리는 목소리가 들려왔다. 운영하는 학원에서 악기를 수선하다가 손을 크게 다쳤다고 했다. 긴장한 말투에 가슴이 철렁 내려앉았다.
 부리나케 병원에 도착했을 땐 이미 응급처치가 끝난 뒤였다. 왼손 전체를 감싸고 있는 하얀 붕대 위로 붉은 피가 스며 나와 있었다. 손가락에는 피가 말라붙은 흔적과 아직도 스미고 있는 붉은 얼룩이 얼마나 많은 피를 쏟았는지를 말해주었다. 그런데도 아들은 애써 태연한 척, 어미가 놀랄까 봐 "괜찮아, 별일 아니야."라고 말하며 웃으려 했다. 그 억지웃음이 오히려 더 가슴을 저며왔다.
 손등 깊숙이 파인 상처를 보면서 아들이 순간적으로 얼마나 놀랐을지, 또 앞으로 기타를 칠 수 없게 될지도 모른다는 두려움에 얼마나 절망했을지가 고스란히 느껴졌다. 그의 삶에서 손은 신체 일부가 아닌, 생계를 잇는 도구이자 열정을 쏟는 전부였기에, 그 공포는 말로 다할 수 없었을 것이다.

진정을 시키려 물을 건네는 내 손은 떨려서 제대로 컵을 붙잡지도 못했다. CT에 이어 MRA 검사까지 받고서야 의사는 다행히도 신경과 뼈에는 이상이 없다고 했다. 말 그대로 '천만다행'이었다. 오늘 밤에 봉합 수술에 들어갈 것이며 입원 절차를 밟으라는 말에 심각성이 뼛속까지 와 닿았다.

그날 저녁, 병원 복도에 앉아 아들의 입원 절차를 기다리며 수없이 자문했다.

'조금만 덜 날카로웠더라면….'

'조금만 더 조심했더라면….'

그러나 이미 일은 벌어졌고, 남은 건 치료와 회복이었기에 그저 조용히 기도할 수밖에 없었다.

오후 늦게서야 수술이 시작되었다. 대기실엔 이미 긴장과 불안이 가득했다. 일곱 명의 환자가 한꺼번에 수술실로 들어간 뒤, 남겨진 건 보호자들의 무거운 숨소리뿐이었다. 누구랄 것도 없이, 모두가 조용히, 그러나 간절하게 기도하고 있었다. 제발, 제발 장애만은 남지 않기를….

그중 한 젊은 여자 환자는 작업 중 프레스 기계가 갑자기 내려오며 손등을 강타했다고 했다. 장지와 약지가 으스러졌다고 한다. 치료해도 장애는 남을 것이라고 했다. 그녀는 신혼인 듯 보였다. 친정 부모와 시댁 어른들, 직장 동료들이 다급히 병원을 찾아와 말없이 그녀의 상태를 지켜보고 있었다. 아무 말도 하지 않았지만, 굳어 있는 얼굴들에서 고통과 두려움이 그대로 읽혔다. 또 다른 젊은 남자 환자 역시 반도체 공장에서 같은 기계에 양손 손등이 동시에 찍혀 심각한 골절을 입었다고 했다. 그 어머니는 아들의 붕대 감긴 손을 보며 숨죽여 울고 있었다. 감정이 북받쳐 말도 제대로 잇지 못한 채, 그저 눈물만 흘렸다. 그 눈물은 단순한 슬픔이 아니었다. '왜 하필 내 아들이', '이 어린 나이에 평생을 어떻게 살아가야 하나?' 하는 절규였다. 심지어 팔목이 사라진 환자를 마주했을 때, 눈앞이 어두워졌다. 고통이 지나간 자리에 절망이 산다는 것을 뼈아프게 다가왔다.

손가락 하나하나가 얼마나 소중한지, 그날 그 병실에선 모두가 뼈저리게 실감하고 있었다.

그곳에 있던 사람들 모두, 단지 자기 가족만이 아니라 서로의 아픔까지 함께 끌어안고 있었다. 병실에 퍼진 침묵은 말보다 더 크게 절박함을 말해주었다. 그렇게 많은 젊은이가 산업 현장에서 손에 치명적인 상처를 입고 있었다. 그 손은 누구에겐 악기였고, 누구에겐 삶의 수단이었다.

하루에도 이렇게 많은 사고가 일어나는 현실 앞에, 가슴이 아파왔다. 우리는 너무 쉽게 '산재'라는 단어로 포장해 버리지만, 그 뒤에 남겨진 고통은 결코 숫자로 설명될 수 없었다.

그날 병원 복도에서 마주한 절망들은, 모두가 삶의 한가운데서 꺾

여버린 아픔이었다.

참혹한 현장들과 마주하니 도리어 아들의 부상은 그나마 다행이라는 생각이었다. 상처는 깊었지만 손의 신경과 뼈는 무사하다는 사실 하나만으로도 감사할 일이었다. 긴 시간 봉합 수술이 끝났고 아들은 퀭한 얼굴로 입원실에 돌아왔다.

같은 병실에 입원한 또래 환자들의 처참한 상태를 본 아들은 적잖이 놀란 듯했다. 누군가는 손등에 핀을 여섯 개나 박았지만, 여전히 출혈이 멈추지 않아 예민해져 있었고, 통증과 불안 속에서 부모에게 날 선 말투로 짜증을 내기도 했다. 그럴 만했다. 누구도 이런 상황 앞에 담담할 수는 없을 테니까. 병실 가득 퍼진 신음과 절망을 바라보는 것만으로도 숨이 턱 막혔다. 아들의 고통, 저들 모두의 고통이 그대로 내 몸으로 전이되는 것 같았다. 이곳은 누가 봐도 지옥이었다.

응급실로 쉴 새 없이 들어오는 환자들, 그들의 손과 발에 칭칭 감긴 붕대는 단순한 응급처치가 아니었다. 그날의 공포, 그 순간의 참담함, 회복되지 않을지도 모른다는 불안이 고스란히 묻어 있었다.

유난히도 많은 환자가 30대였다. 산업 현장에 갓 투입된 이들에게는 경험도 부족하고, 위험에 대한 인식도 부족하다. 가장 먼저 사고에 노출되는 근로자가 초보인 그들이다. 경력 많은 산업 기술자에 비하면 젊은 근로자들은 위험에 더욱 무방비로 노출돼 있다. 그 누구도 처음부터 전문가였던 사람은 없다. 누군가 가르치고, 지켜보고, 대비하게 해야 하는 사회적 책임이 있는 것이다. 그러나 우리는 그 책임을 너무 쉽게 '개인의 실수'로 치부하곤 한다.

현실은 냉혹하다. 통계에 따르면 우리나라에서는 해마다 약 2,000명이 일터에서 퇴근하지 못하고 있다고 했다. 하루 평균 5~6명의 노동자가 집으로 돌아가지 못하고 병원으로 또는 저세상으로 가고 있다고 한다. 그렇게 소중한 생명들이, 누군가의 아들과 딸, 남편과 아내가 일터에서 다치고 스러지고 있었다.

물리치료를 받기 위해 아들은 조심스레 붕대를 풀었다. 붕대를 푸는 순간, 하얀 붕대 안에는 고스란히 고통의 흔적이 남아 있었다. 손등을 덮고 있던 거즈를 들어 올리자, 얇은 피부 아래로 퍼진 핏자국과 함께 꿰맨 실밥의 흔적이 드러났다. 일곱 개의 바늘 자국이 줄지어 박혀 있었다. 누가 보기엔 단순한 상처일지도 모르지만, 그 하나하나에는 통증과 두려움, 절박함이 고여 있었다. 아직 부기가 가라앉지 않은 손등은 울긋불긋 부풀어 있었고, 살갗은 팽팽하게 당겨 움직이기도 힘들어 보였다.

그 손으로 기타를 연주하던 모습을 떠올리니 마음이 복잡해졌다. 여린 현 위를 자유롭게 넘나들던 손가락들은 이제 미세한 움직임에도 통증을 견뎌야 했다. 아들은 아무 말이 없었지만 붓기로 굳은 손을 바라보는 눈빛엔 슬픔과 걱정이 가득했다.

나는 그 손을 바라보며 속으로만 말했다.

"괜찮아질 거야. 시간은 걸리겠지만 다시 예전처럼 자유로워질 수 있을 거야."

　물리치료사의 손길에 맞춰 아들은 조금씩 손을 움직이기 시작했다. 굳은 핏덩이를 떼어낼 때마다 얼굴을 찌푸렸지만 그 작은 움직임 하나하나가 다시 연주를 향한 걸음이었다.
　붕대가 감싸고 있던 시간은 멈춘 듯 보였지만 이제 그 속에서 조금씩, 아주 천천히 회복이 시작되고 있을 것이다. 그리고 나는 믿고 싶었다. 그 손이 다시 기타를 잡고, 다시 처음처럼 기타를 칠 수 있으리라는 것을.
　나는 알 수 있었다. 이 시간이 언젠가는 아들에게 큰 자산이 될 거라는 것을. 다시 기타를 잡기까지는 시간이 걸리겠지만, 그 기다림 속에서 그는 더 강해질 것이다. 상처는 흉터로 남겠으나 그 흉터조차도 기억이 되고 음악이 될 것이다.
　모든 환자가 부디, 몸에 상처는 남더라도, 영혼까지 파고들지는 않기를….

장가계 스케치

장가계는 지금까지 천만 명이 넘는 한국인이 다녀간 곳이다. 그래서인지 이곳에서 뜻하지 않은 해프닝을 겪기도 한다고 한다. 누군가는 40년 전 첫사랑을 만나고, 누군가는 옛 스승을 만나기도 하며, 또 누군가는 평생 잊지 못할 악연과 마주친다고 한다. 넷플릭스 「폭싹 속았수다」에서 언급된 이후, 장가계는 '죽기 전에 꼭 가봐야 할 명소'로 나의 버킷리스트이기도 하다. 그래서일까, 그곳을 향한 마음이 어느새 조급함으로 바뀌어 조용히 내 안을 파고들었다.

올해, 6월 장가계는 내게 첫 장을 열어 주었다.

비행기에서 내리자마자 향한 곳은 황룡 동굴. 우기가 턱 밑에 걸친 시기였지만 날씨는 쾌적했고, 풍경은 그 청량한 공기 속에서 선명하게 드러났다. 첫날부터 전율을 안긴 건 이 기이한 동굴의 모습이었다. 그 안에는 석주와 석화, 석복 등 난생처음 마주하는 자연의 조형물이 가득했다. 어두웠지만 아름다운 조명으로 동굴은 환상적이었다. 벽면은 마치 검은 유약을 바른 듯 매끄러웠다. 그 표면은 세월의 흔적을 고스란히 안고 있어, 손끝으로 문지르면 수천 년의 시간이 거칠게 스며들었다. 동굴을 떠받치는 듯한 석주는 묵직하다 못해 판타지 영화에 나오는 고대의 신이 잠든 신전을 연상케 했다. 꽃처럼 피어난 석화는 금속보다 단단하고 빛났으며, 사람 형상을 닮은 석복에 친근감이 가기도 했다.

그중에서도 가장 인상 깊었던 것은 '정해신침'이라는 이름의 석순으로 높이 27m에 이르며, 천장까지 닿으려면 6m가 더 자라야 한다고 한다. 그런데 그 거리를 메우기 위해서는 무려 6억 년이라는 시간이 필요하다고 한다. 석순이 혹시나 무너질지 우려해 중국 보험 공사에 무려 1억 위안의 보험까지 들어 놓았다고 하니 그 무게와 가치는 단순한 자연물 이상의 의미가 있는 셈이다.

동굴 곳곳은 수백 개의 계단을 오르내리며 이동해야 했고, 계단이 닿지 않는 구역은 보트를 타고 들어갔다. 그렇게 도착한 곳은 '천구전'. 용왕이 농사짓던 밭이라 전해지는 이곳은 천 개로 구획된 신비로운 공간이었다. 탄두를 닮은 석순, 미사일 모양의 화전 승공 등 어둠 속 조명 아래에서 흐르는 건 인간의 시간이 아니라 물방울의 시간이었다.

이튿날, 천자산에 올랐다. 어필봉, 선녀산화, 하룡공원, 하룡동산이 자리한 이곳에서, 마치 꿈속에서나 걸어보았을 법한 살아 있는 산수화가 눈앞에 펼쳐졌다. 자연이 전하는 묵직한 위로가 가슴 깊이 스며들었다.

여행은 때때로 낯선 곳에서 뜻밖의 평안을 안겨준다. 천자산, 그 이름처럼 신들의 정원이라 불릴 만했다. 해발 1,000m가 넘는 하늘 아래, 붓을 거꾸로 꽂아놓은 듯한 석봉이 줄지어 선 모습은 장관이었다. 수천 개의 바위 봉우리가 구름 위에 떠 있고, 아래에서 올려다보면 마치 신들이 걷는 길 같았다. 반대로 위에서 내려다보면 하늘을 가득 메운 구름이 끝없는 바다처럼 펼쳐져 있었다. 바위 봉우리들은 그 바다 위에 떠 있는 섬처럼 보였고, 고요한 안개 사이로 아찔한 낭떠러지가 드러났다. 마치 인간 세상과 신의 세계를 가르는 경계 위에 서 있는 듯한 느낌이었다. 조물주가 심어놓은 봉우리 같았다. 신선들이 거닐 것 같은 풍경, 지상의 무릉도원이 따로 없었다.

눈길 가는 곳마다 수직으로 치솟은 암벽들을 올려다볼 때마다 발끝이 찌릿해졌다. 거대한 바위들을 깎고 또 깎아야만 가능한 모양일 텐데, 그 세월과 자연의 힘에 절로 고개가 숙여졌다.

장가계의 유래는 여러 설이 있다. 장량이 유방에게서 식읍 3만 호를 하사받았지만 사양하고 이곳을 택했다는 기록이 있다. 왜 그가 이 땅을 선택했는지, 이 풍경 앞에서 더는 설명이 필요 없다. 제임스 캐머런 감독이 이곳에서 영감을 얻고 영화 「아바타」를 제작하였을 만큼 상상력을 초월하는 비현실적 풍경이어다.

장가계는 본래 바다였다고 한다. 지각변동으로 융기된 후, 오랜 세월 동안 침식되어 지금의 모습을 갖췄다고 한다. 전형적인 카르스트 지형답게, 곳곳에서 바다 화석과 조개껍질 같은 흔적을 쉽게 찾을 수 있었다.

그 봉우리들을 연결해 만든 산정호수, 보봉호는 여의도만 한 규모를 자랑한다. 산꼭대기에 이런 호수를 만들다니…. 역시 대국은 대국이었다. 유람선을 타고 호수를 한 바퀴 도는 동안, 아름다운 봉우리들이 물 위에 비쳐 마치 신선이 노니는 세계에 들어온 듯한 착각이 들었다.

천문산을 오르기 위해 미니버스에서 내렸다. 중국의 장대한 스케일을 만날 수 있는 세계 최장 길이인 7,455m의 높이의 케이블카를 타니 마치 하늘을 향해 천천히 날아오르는 듯한 기분이었다. 도시의 소음은 어느새 사라지고, 창밖으로는 깊은 협곡과 우뚝 솟은 절벽, 구름 위로 드러난 바위 봉우리들이 차례로 눈앞에 펼쳐졌다. 케이블카는 가파른 절벽을 스치듯 올라갔는데 아찔한 높이에서 아래를 내려다보면 다리가 저릿해질 만큼 스릴 넘쳤다. 고요함과 장엄함이 공존하는 이 여정은 천문산의 신비로운 세계로 들어서는 입구 같았다.

케이블카에 내려서도 일곱 번의 에스컬레이터를 갈아타고, 다시 백룡 엘리베이터를 타고서야 비로소 천문동에 닿았다. 그리고 그 앞에 펼쳐진 것은 말 그대로 '하늘로 가는 문' 천문동은 단순한 구멍이 아니었다. 하늘이 갈라져 문이 열린 듯한, 말문이 막히는 장엄함이었다. 비행기가 그 틈을 통과할 수 있을 정도라니, 자연이 만든 창조물 앞에서 인간은 그저 숨을 죽일 수밖에 없었다.

천문동을 지나 천문산 정상으로 향하는 길, 그 여정은 육체의 한계를 시험하는 계단과도 같았다. 유리 잔도와 귀곡 잔도를 지나 또 다른 세계로의 전환이었다. 이제부터는 마음의 소리에 귀 기울이며 고요함을 찾아가는 시간이 시작되었다. 마침내 천문산 꼭대기에 도착했다. 구름을 뚫고 모습을 드러낸 천문 산사. 그 절은 크지만 화려하지 않았다. 세상을 고요히 품은 채 장엄하지만 조용했고, 그곳에 있다는 이유만으로도 위로가 되었다.

여행 셋째 날, 원가계에 올랐다.

땅이 하늘을 밀어 올린 듯 솟아오른 기암절벽들, 그 하나하나의 바위기둥에는 저마다 표정이 살아 있었다. 해발 1,200m, 아찔한 절벽 위에 자리한 이곳은 단순한 관광지가 아니었다. 그것은 마치 다른 차원의 세계, 하나의 마법 같은 공간이었다.

눈 앞에 펼쳐지는 풍경은 현실이라 믿기 어려웠다. 수백 개의 바위기둥이 하늘 향해 쏟아지고, 그 사이사이로는 은빛 안개가 유영하듯 흐르고 있었다. 어느 영화보다 비현실적이었고 어떤 예술보다 장엄했다.

그 신비로운 풍경 속에서 자꾸만 떠오른 이름, 장량. 이 땅의 주인이었다는 그 사람은 누구일까. 장량은 한 나라 재상 희평의 아들로 유방의 책사였다. 그는 홍문연에서 유방의 목숨을 구하고, 한신을 천거해 한나라의 천하통일을 하는 데 큰 역할을 한 전략가였다. 그런데 나라가 세워진 뒤 그는 정치에는 일절 관여하지 않았다고 한다. 장량은 '유후(留侯)'에 봉해졌으나 권세와는 거리를 두었다고 한다. 아마도 그는, 전쟁으로 피폐해진 몸과 마음을 치유하기 위해 이 아름답고 고요한 자연을 택한 것이 아닐까.

그에게 이곳은 세상을 등지기 위한 은둔지가 아니라, 자신을 되찾기 위한 안식처였을지도 모른다. 이러한 풍경 앞에 서니 장량의 선택이 조금은 이해되었다. 원가계는 충분히 그럴 만한 곳이었다. 그 누구라도, 한 번쯤은 모든 것을 내려놓고 숨고 싶어질 만큼 초자연적이었다.

전쟁으로 세상 일부는 지금도 불타고 있다.

우크라이나의 군사시설과 러시아의 산업 시설에 검은 연기가 피어오르고, 이란과 이스라엘은 여전히 공습 사이렌이 울린다. 전쟁은 도시를 파괴하는 것에서 그치지 않는다. 무너진 건물 속에 묻힌 것은 사람의 기억, 사랑, 일상, 삶의 의미마저 함께 매몰되고 있다.

언젠가는, 총성이 멎을 날이 올 것이다. 그러나 전쟁이 끝났다고 해서 상처가 곧 아문다고 말할 수 있을까. 포탄은 멈추더라도 상처와 상실은 마음속 깊은 곳에서 오랫동안 그들을 괴롭힐 것이다. 누군가는 자식을 잃고, 누군가는 집을, 또 누군가는 사람에 대한 신뢰 자체를 잃었을 것이다.

그 상처를 안고 사람들은 어디로 향할까?

나는 생각한다.

장량이 그랬던 것처럼, PTSD의 증상을 치유하기 위해 결국 자연으로 돌아갈 것이다. 정치와 전쟁의 한복판을 살아냈던 그가, 마지막에는 이 산으로 들어와 전쟁의 피로와 분노를 씻기 위해, 이름 모를 숲길에서 전쟁의 악몽을 씻어냈을 것만 같다.

자연은 말이 없다. 그 침묵이야말로 가장 깊은 위로가 된다.

나는 믿는다. 자연은 인간을 치료하지는 않지만, 회복할 수 있도록 허락한다고. 이곳엔 분노를 붙잡을 대상도, 증오를 되새길 벽도 없다. 오직 흙의 온기와 나뭇잎 사이로 흘러드는 바람의 소리, 평화의 숨결이 인간을 감싸고 있을 뿐이다. 인간이 무너져도 자연은 다시 일어설 수 있도록 곁에 있다.

말없이 모든 것을 안고 침묵으로, 지친 영혼을 다정히 감싼다.

나 역시, 그 품에 안겨 조용히 숨을 고르며, 나시 걸어갈 용기를 얻는다.

돌아오는 비행기 뒤로 장가계가 아롱지고 있다.

탈춤

'봄바람은 기생 철이다.'라는 말은 바람이 옷깃을 헤치고 품속으로 파고든다는 뜻이다. 여심을 뒤흔드는 이 봄바람과 봄볕은 싱숭생숭한 마음을 불어 넣어 어디든 떠나게 한다.

봄의 여인들이 웃음꽃을 입고 남쪽으로 떠났다. 안동의 낙동강이 가까워지자 차창으로 들어온 봄 햇살로 얼굴마다 발그레하게 꽃물이 들었다. 정오에 도착한 하회마을은 가깝게 느껴지는 어제의 모습이었다. 이곳은 풍산 류씨의 집성촌으로 푸른 하늘이 고택과 어우러져 한 폭의 수채화를 만들어내고 있었다. 친정집에 온 듯 안온하게 품어주는 단정한 고택들은 마루 끝에 앉아 온종일 동구 밖만 내다보아도 지루하지 않을 것만 같았다.

짭조름한 안동 고등어구이로 점심 식사를 마치자 때마침, 별신굿 탈놀이가 시작되었다. 9종류의 하회탈은 별신굿 놀이에서 빠질 수 없는 도구로 무언의 몸짓언어로 예능 보유자들이 마당별로 전개되었다. 무동마당을 시작으로 주지, 백정, 할미, 파계승, 양반, 선비,

혼례, 신방마당 등 여덟 마당으로 구성되었다. 여기서 '주지'는 사자를 뜻하지만, 이 마당에서는 또 다른 의미가 있다. 사람들은 그것을 액풀이의 주연으로 받아들이고, 웃음으로 한 해의 액운을 씻어낸다.

「파계승 마당극」은 그중에서도 특히 사람들의 눈과 귀를 사로잡는다. 무대는 거창하지 않다. 나무 두어 그루, 멍석 위에서 펼쳐지는데 이야기는 지극히 소박하고 익살맞다.

마을의 부네, 즉 남편을 잃은 여인이 살포시 웃으며 등장한다. 그녀는 느릿느릿 춤을 추며 관중의 시선을 사로잡는다. 흘러내리는 땀, 약간은 과장된 몸짓, 문득 멍석 끝에 살짝 앉아 소피를 보는 장면이 연출된다. 이 장면에서 관객들은 탄성을 터뜨리고, 웃음은 자연스레 터져 나온다. 민망함보다도 해학이 앞선다.

이를 몰래 엿 보는 중이 있다. 그는 세속을 버린 승려라 하나, 눈빛은 인간의 욕망을 그대로 품고 있다. 부네의 행동에 흥분한 그는 더는 참지 못하고 무대 위로 달려든다. 결국 부네를 입고는 도망치는 척 무대 바깥으로 휘청휘청 빠져나간다. 관객들은 깔깔 웃으며 손뼉을 친다. 승려의 파계는 도덕의 붕괴가 아니라 인간 본연의 욕망을 비틀어 웃음으로 승화한 것이다.

이 마당극은 결코 음탕한 장면의 나열이 아니다. 오히려 일상 속 억압된 욕망과 위선을 풍자하고, 그것을 웃음으로 풀어내며 함께 정화해 나가는 과정이다. '파계승'이라는 소재는 우리 안의 모순을 고스란히 비추는 거울이다. 웃고 있지만, 그 속엔 우리가 꾹 눌러 담은 이야기들이 있다.

마당으로 무언의 중심으로 부분적 유인화로 갈등과 내재를 표현하였다. 마당마다 사회를 풍자하고 해학적으로 양반을 비난함으로써 서민들의 가슴을 뻥 뚫어주는 놀이였다.

그중 이매탈은 턱 부분이 없다. 미완성된 까닭은 처음으로 허씨들이 이 마을에 들어와 터를 잡고 살 때 원인 모를 우환이 계속되자 어느 날 허씨 도령이 꿈에 신의 계시를 받는다. 그가 외딴집에 들어가 탈을 제작하게 된다. 그런데 작업 중에는 그 누구도 들여다보아서는 안 된다는 금기를 무시하고 그를 사모하는 처녀가 그를 엿보는 바람에 마지막 이매탈을 완성하지 못한 채 피를 토하고 죽었다. 처녀는 죄의식에 사로잡혀 그만 자결했다는 유래를 갖고 있다. 마을 사람들은 처녀의 넋을 위로하기 위해 산 중턱에 서낭당을 짓고 성황신으로 받들어 매년 정월 대보름날에 동제사를 올리게 된 것이 오늘날까지 이어오고 있단다. 이 놀이는 서민들의 놀이이자 문벌인 풍산 류씨와 각성바지들과의 타협의 소산으로 볼 수 있다고 한다.

탈마다 눈이 깊고 코가 높은 사실적인 모습과 좌우가 서로 대칭되지 않은 모습이다. 그러나 하나같이 웃는 얼굴을 하고 있다. 화가 나도, 슬퍼도, 싫어도, 아파도, 미워도 세상사 스무고개 길에 애환도 고달픔도 탈속에 넣어 두고 몸짓만이라도 사뿐사뿐 춤사위로 살아간다면 덜 힘들지 않겠냐는 지혜가 담겨 있는 듯하다.

이 마당놀이는 단순한 연희가 아니다. 이건 삶의 한 단면이며 공동체의 정화의식이다. 그 속에서 피어나는 웃음은, 우리가 모두 함께 짊어진 인생의 무게를 조금이나마 덜어내는 치유의 순간이 된다.

　마당놀이는 인생이라는 거대한 무대를 축소해 놓은 사유의 장이었다. 배우는 대사보다 더 많은 몸짓과 표정으로 말하고, 관객은 박수와 야유로 응답한다.

　마당놀이 속 인물들은 모두 '탈'을 쓰고 나온다. 양반은 권위를, 중은 금욕을, 부네는 억눌린 존재로 등장한다. 그러나 이 모든 탈은 결국 벗겨진다. 양반의 위선은 웃음으로 무너지고, 파계승의 욕망은 풍자로 드러나며, 부네의 소외는 당당한 자기표현으로 바뀐다.

　마당놀이는 인간 욕망에 대한 깊은 통찰을 담고 있었다. 종교적 위선, 권력의 탐욕, 성적 욕망이 모두를 가감 없이 드러내되 비난이 아닌 웃음으로 풀어낸다. 이는 인간이란 존재는 완전한 선도, 완전한 악도 아닌 '불완전한 전체'임을 인정하는 태도다. 우리가 억누르려는 본능도 결국 우리 일부이며, 그것을 부정하기보다 직면하고 웃음으로 녹여내는 용기가 필요하다는 것을 시사한다.

　무대와 관객이 소통하며 만들어내는 열린 구조 역시 깊은 철학적 함의를 지닌다. 이는 장 보드리야르가 말한 '시뮬라크르' 개념과 닿아 있다. 실재와 허구, 무대와 현실이 뒤섞이는 이 공간 속에서 우리는 진짜와 가짜의 경계를 재구성하게 된다. 우리가 사는 세상도 사실 하나의 '마당'일 뿐, 모두가 자신만의 가면을 쓰고 살아가는 배우다. 다만, 마당놀이는 그 가면을 한순간 벗겨내며 묻는다. "진짜

너는 누구냐"라고. 그리고 무엇보다 마당놀이는 인간 존재의 가벼움과 무게를 동시에 보여주며, 삶을 바라보는 하나의 지혜로운 방식이다.

공연을 관람하고 남도의 보드라운 봄바람을 맞으며 마을을 둘러보았다. 솟을대문 안 세상은 신비롭다. 명문 고택과 아우르는 초가집들이 한눈에 들어왔다. 고관대작보다 정겹게 느껴지는 초가집 건넛방에서는 지금도 달그락 찰칵, 짜그락 딸칵! 베틀 소리가 들려오는 듯했다.

어느덧 마을을 돌아 나와 부용대를 끼고 천변을 걸었다. 멀리 보이는 옥연정사는 마치 옥같이 맑고 맑아서 지어진 이름으로 서애 류성룡 선생이 임진왜란의 회고록인 『징비록』을 저술했던 곳이다.

600년의 긴 세월이 켜켜이 쌓여 있는 절벽, 하늘과 땅은 그대로인데 변해가는 것은 순리에 역행하려는 이 시대가 아닐까 한다.

오늘, 과거와 현재가 맞닿는 지점을 조용히 건너왔다. 동구 밖을 나오자, 저녁노을이 자박자박 따라오고 있었다.

고라니 밥상

 올봄, 작은 텃밭을 일구었다. 풀을 걷어내고 흙을 부지런히 뒤집어 고구마와 참깨 심을 자리를 마련하는 데만도 며칠이 걸렸다. 삽질하고 퇴비를 뿌리는데 땀이 비 오듯 쏟아졌다. 손바닥엔 물집이 잡히고 벗겨지기도 했지만 그 수고로움이 조금도 아깝지 않았다. 생명이 숨 쉬는 흙의 감촉과 진한 흙냄새가 마음마저 정갈해지는 기분이 들었다.
 늘 오가며 보았던 밭에 줄지어 심기 고구마 순들이 여름 내내 무성하게 자라나 가을에는 흙 속에서 토실토실한 고구마들이 모습이 드러나는 것을 볼 때면 언젠가 나도 심어 보리라는 희망이 이루어진 것이다. 고구마 싹을 심은 지 몇 주일 지나지 않아 새로운 여린 잎사귀가 자랐다. 작고 여린 잎들이 조심스레 햇빛을 향해 몸을 들며, 이제 막, 살아 숨쉬기 시작하는 생명처럼 보였다. 매일 아침이면 텃밭으로 나가 싹이 얼마나 자랐는지 살펴보는 것이 하루의 기쁨이었다. 물을 주고, 잡초를 뽑고, 그늘을 피하게 조심스럽게 줄을 정리하면서 이 작은 밭과 대화라도 나누듯 정을 붙였다. 날이 갈수록 땅 내음을 맡기 시작한 고구마 줄기가 제법 올라왔다.

어느 날 아침, 텃밭 앞에서 나는 한참을 말없이 서 있었다. 뭔가 이상했다. 어제까지만 해도 싱그럽게 솟아 있던 고구마잎이 흔적도 없이 잘려 나가 있었다. 마치 누군가 일부러 잘라낸 듯 말끔히 사라졌다. 처음엔 누가 장난쳤나 싶었다. 하지만 밭 주변을 유심히 살펴보아도 흔적이 없었다. 산토끼일까, 아니면 근처에 사는 염소일까, 며칠 후 다시 싹이 올라오면 똑같이 사라졌다. 벌써 네 번째 다 먹어 치운 고구마 고랑은 빈 둑만이 덩그러니 남았다. 나는 그 빈 밥상 앞에 앉아 멍하니 있었다.

고라니였다. 사람들 발길이 가까운 곳이라서 고라니가 있을 거라곤 생각하지 못했다. 정성껏 심고 가꾼 고구마 순을 고라니는 망설임 없이 모두 먹어 치운 것이다. 그것도 아마 새벽녘, 내가 잠든 시간에 조용히 다가와 배를 채우고 돌아갔을 것이다. 마치 나를 비웃기라도 하듯….

처음엔 화가 났다. 몇 달 간의 수고가 허망하게 사라진 데 대한 분노가 밀려왔지만, 시간이 지나며 마음이 조금씩 누그러졌다. 고라니도 그저 살아가기 위해 먹이를 찾은 것뿐일 테니까. 그 여린 싹이 고라니 눈에는 얼마나 반가운 먹잇감으로 보였을까. 그래도 나는 포기하지 않았다. 이번에는 텃밭 둘레에 낮은 울타리를 설치하고, 고라니 퇴치제를 뿌려보았지만 그때뿐이었다.

지금은 망연자실할 뿐이다. 고라니의 밥상이 되어버린 고구마밭을 결국, 포기하고 말았다. 그나마 참깨는 건드리지 않는 것을 다행으로 여기며 고라니와 공존하며 살기로 했다.

살다 보면 내가 한껏 기대하고 애쓴 일이, 누군가의 침범으로 망가질 때가 있다. 직장에서 뜻하지 않게도 내 자리를 내줘야 할 때가 있었다.

내 젊음을 바쳤다. 아무도 알아주지 않아도, 누가 대신해 주지 않아도, 그저 묵묵히 내 자리를 일구었다. 누가 봐주길 바란 것도 아니었다. 그저 내 몫의 책임이라 생각했고 내가 버텨야 할 삶의 무게라 여겼다. 이를 때까지는 외롭고 견디는 시간은 고단했지만, 끝내 나는 그 자리 하나를 만들어냈다. 마치 내 작은 텃밭처럼.

그런데 문득, 내가 잠시 숨 고르는 사이 그 자리에 조용히 다가와 앉은 사람이 있었다. 대표의 가족이었다. 그는 대표와 피를 나눈, 가까운 이였다. 그는 내 자리를 너무도 자연스럽게, 당연하다는 듯 차지했었다. 고맙다는 말도, 미안하다는 눈빛도 없이. 마치 처음부터 자기 것이기라도 한 듯, 그 자리에 깊숙이 발을 들였다.

그때 내가 일구어 온 시간과 수고가 송두리째 무너져 내리는 듯한 상실감이 엄습했다. 나의 한계를 뼈저리게 실감할 수밖에 없었다. 아무리 애쓰고 버텨도, 노력만으로는 넘을 수 없는 벽이 있다는 현실 앞에 처절한 마음이 들었다. 마치 존재 자체가 부정당하는 듯한 쓰라림이 가슴 깊숙이 스며들었다. 나는 밥상을 빼앗긴 꼴이 되었다. 그리고 그 무력함은, 분노보다 더 깊은 허무로 나를 침묵하게 했다.

고라니는 반드시 멀리서 오는 존재만은 아니란 걸. 가까울수록 더 쉽게, 더 깊숙이 들어와 나를 헤집고 간다는 걸. 심지어 그 이름이 '가족'일지라도 말이다. 그래도 나는 이 경험을 원망으로만 남기고 싶지 않다. 내 밥상을 빼앗긴 것이 아니라, 내 자리를 어떻게 지켜야 하는지를 다시 배운 시간이었다고, 그렇게 기억하고 싶다.

그런 일을 겪은 후 나는 더는 예전처럼 허술하게 내 마음을 열지 않는다. 사랑과 헌신 사이에는 분명한 선이 필요하다는 걸, 가족이라는 이름 아래 모든 걸 내어주는 것이 진심은 아니라는 걸 조금씩 배워가고 있다.

그러면서도 문득, 한편의 여지를 품는다. 그도, 그들도 언젠가 내가 걸어온 길을 이해하게 될 날이 올지도 모른다고. 내가 만든 자리가 단지 '편한 곳'이 아니라 '버텨온 자리'라는 것을…. 덕분에 나는 내 마음을 가꾸는 법을, 다시 피어나기 위해 기다리는 법을 배웠다.

언젠가 진짜 머물고자 하는 이가 온다면, 나는 다시 정성껏 텃밭을 일굴 것이다. 그때는 고라니가 아닌 사람과 함께, 말 없는 이별이 아닌 손을 꼭 잡고 가을을 기다릴 것이다.

이제는 더 넉넉하게 나눌 수 있을 것 같다. 그리고 그 자리, 언젠가는 따뜻한 식탁이 되어 서로를 이해하고 웃을 수 있는 공간이 되기를 바란다.

오늘도 나는 텃밭 앞에 선다. 고라니가 뜯어 먹은 자리에 또 새순이 올라오고 있다.

'맛있게 먹거라, 고라니야.'

올해는 맛있는 밥상을 차려주지만, 내년에는 밥상을 차리지 않을 테니.

조용한 외침

우리가 무언가를 만들 때, 반드시 가장 먼저 필요한 것이 있다. 그것은 모양을 만들고, 형태를 갖추기 전, 그 중심을 이루는 '바탕'이다. 요리할 때도, 공예품을 만들 때도, 심지어 생각 하나를 짓는 데조차 그 시작에는 꼭 '원재료'라는 것이 존재한다.

원재료는 눈에 띄지 않을 수 있다. 완성된 결과물의 화려함에 가려져, 그 존재가 잊히기도 한다. 그러나 본질을 들여다보면 결국 모든 것은 그 '원재료'에서부터 비롯된다.

마치 인생도 그렇다. 누군가의 삶이 단단하고 깊어 보인다면, 그 안에는 분명 그 사람만의 '원재료'가 녹아 있다.

문득, 육십 중반까지 살아오면서 나는 무엇을 원재료로 삼고 살아왔는지, 궁금해졌다.

유년 시절, 나는 시골 마을 맨 꼭대기에 자리한 빨간 기와집에서 자랐다. 비록 풍요롭진 않았지만, 부지런한 부모님과 다복한 형제들로 단단한 울타리 속에 있었다. 아침이면 어김없이 방을 정리하고,

저녁이면 가족 모두가 둘러앉아 밥을 먹었다. 대궐은 아니었지만, 그 집은 세상 어디보다도 따뜻하고, 든든한 곳이었다.

나는 그 집의 넷째 딸이었다.

막내의 바로 위에서 언니의 뒷모습을 보며, 세상을 조금씩 배웠고, 오빠의 등에 기대면, 세상이 덜 무섭게 느껴지곤 했다. 언니의 옷을 물려 입고, 오빠의 책을 뒤따라 읽었다.

좋은 것은 자연스레 윗사람 차지였지만, 내 몫이 없다고 느낀 적이 별로 없었다. 넷째 딸이라는 자리는, 무언가를 원하기 전에 먼저 참고, 나서기보다는 양보하는 법을 배웠던 것 같다. 서로를 살뜰히 챙기며 지내던 그 시간은 '나'로 자라는 데 있어 가장 중요한 밑거름이었다.

그래서 나의 첫 번째 원재료를 '든든한 가족'이라고 부르고 싶다.

청년이 되어 사회로 나아가면서, 나는 '성실'이라는 원재료를 갖게 되었다. 성실함은 단순히 시간을 지키고, 일을 꾸준히 해내는 태도를 넘어선다.

그것은 곧 나 자신과의 약속이며, 내게 주어진 책임을 끝까지 감당하려는 자세였다. 은행에서의 일은 숫자 하나에 책임이 달려 있었고, 긴장감으로 쉼 없이 돌아가는 시간 속에서, 나는 종종 나 자신을 잃어버리는 기분마저 들었지만, 그 무게를 견뎌낸 순간마다 나는 성장했고, 자신을 더 믿을 수 있게 되었다. 직장에서 '일 잘하는 직원'이라는 평가를 받을 수 있었던 것도 성실함 덕분이었다. 성실함은 나의 청년기를 지탱해 준 가장 소중한 원재료였다.

중년 이후, 나의 원재료에도 변화가 생겼다. 결혼 후 남편을 먼저 떠나보내고 나는 마치 삶의 중심에서 뿌리째 흔들리는 듯한 아픔을 겪었다. 누군가는 시간이 지나면 괜찮을 것이라 말했지만, 나에게는 그날 이후로 모든 날이 달라졌다. 그날 이후, 세상은 예전처럼 밝거나 따뜻하지 않았다. 아이들을 바라보며, 나는 울 수조차 없었다. 흐느끼고 싶은 마음은 밤의 고요 속에서만 조용히 터져 나왔다. 겉으로는 묵묵히 일상을 유지했지만, 내면에서는 끝없는 질문이 반복되었다.

'내가 이 모든 걸 감당할 수 있을까?'

그때부터 나를 지탱한 것은 '책임'이라는 원재료였다.

책임은 사랑이라는 이름 아래에서도, 때로는 의무라는 이름으로 무겁게 나를 눌렀다. 가장이라는 이름으로, 엄마라는 역할로 나는 눈물 대신 밥을 지었고, 슬픔 대신 아이들의 하루를 살폈다. 책임감이라는 무거운 짐은, 내게 절박함, 그 자체였고 살아내야만 했던 하루하루였다. 아이들이 흔들릴까 봐, 우리 삶이 무너질까 봐, 나는 무너지는 법을 배우지 못한 채, 그저 '버티는 법'부터 익혀야 했다. 그 무게가 나를 힘들게 했지만, 지금 돌이켜 보면 그 책임감이야말로 내 삶의 형태를 무너지지 않게 해 준 또 하나의 원재료였다.

나의 삶은 결국, 시기마다 다른 원재료로 빚어진 하나의 긴 여정이었다.

긴 세월을 지나 돌아보니 나는 삶의 진짜 원재료 '인내'였던 것 같다. 인내가 없었더라면 어떤 어려움도 견디기 힘들고, 그 과정에서 성장도 어려웠을 것이다. 성실함으로 시작해, 헌신으로 이어지고, 책임으로 다져진 뒤 인내로 마무리되는 그 길 위에서 나는 내가 만든 나를 받아들이고 있다.

누군가를 기다려줄 줄 알고, 말보다 눈빛을 더 오래 바라볼 수 있으며, 결과보다 과정을 더 소중히 여길 수 있는 것, 그 모든 것이 바로 인내로부터 비롯된다는 것을.

이젠, 세상이 날 필요로 하지 않아도, 나는 여전히 나를 돌보고, 하루를 살아가야 한다. 그 어떤 소란도 없이 내면에 자리를 잡은 인내는 이제 나를 단단히게 지켜주는 마지막 원재료가 되었다.

남겨진 세월은 버티는 삶이 아니라, 받아들이는 삶으로 더는 무언가를 이루기 위한 인내가 아니라, 내가 걸어온 모든 시간을 품는 인내로 살아갈 것이다. 그 위에 하나 더 덧붙이고 싶은 원재료가 있다면 바로 '여유'다. 바쁘다는 이유로 미뤄뒀던 것들, 보고 싶은 사람, 읽고 싶은 책, 걷고 싶은 길, 배우고 싶었던 공부를 하나씩 삶에 끼워 넣으려 한다. 여유는 나를 더 풍성하게 만들고, 지나온 시간을 의미 있게 되돌아보게 할 것이다.

그동안 삶의 바탕이 되어준 원재료들은 여전히 내 안에서 고요하게 빛나고 있다. 지금까지 내가 어떤 재료로 살아왔든, 그것이 나만의 고유한 색과 결을 가진 삶이었다.

이제는 나를 위해 조금 더 웃고, 나를 위해 조금 덜 아끼며 살아가도 될 시간이다. 그 빛을 따라, 나는 여전히 걸어가고 있다.

세월이 흘렀어도, 빨간 기와집의 넷째딸은 늘 그 자리에 있다.

그리고, 마침내 조용한 외침을 해본다.

"나는 잘 견뎌냈고, 잘 살아왔고, 사랑하며 버텨냈다."라고.

김민정 수필집

조용한 외침